任性出版

我的口是心非都是有邏輯的

女生好懂嗎？地雷到處埋。
女人難溝通？其實只要你換個方式說。

當當網暢銷作家
好評率99%以上
楊喵喵 著

張小樹曾遇到 *N* 次，
楊小花給他埋的雷、挖的坑……

……

……

……

其實，
這都是有邏輯的。

……

目錄

女生不是非要你哄、你懂，只想要你放在心中

作家／P's

有人說，我能把女生許多的心事和想法寫得這麼精闢透澈，一定很懂女生。

我想，這其中是不是誤會了什麼？

關於女生的想法跟思維，對男人來說始終就像沒有標準答案的練習題，這個女生說好，另一個女生說糟；這一秒答對，下一秒就犯規。但這可不能全推託給男人的少根筋，畢竟更多時候，連女生自己也無法給你一個心服口服的答覆。

女生最常讓男人費解的，莫過於她們的情緒化與言不由衷，雖然這種情況不局限性別，但內心相對細膩的女生，的確常讓直腸子的男人摸不著頭緒。於是一個渴望被理解的心，遇上一個狀況外的人，總是對不上頻率。

所以我說，想要做個懂女生的男人，那還是暫且拋棄這個念頭，好高鶩遠的理想，真的不如腳踏實地重要。

就我而言，女生就像是一門學問，無論你能否搞懂，至少都要花心思去試著理解。只要能有這個出發點，很多你想不到的答案，便有機會迎刃而解。

無論是在家庭或者求學經歷，甚至到後來的職場上，我總是身處在女生較多的環境裡。即便如此，我依然對女性一知半解，但藉由多年下來的觀察與經驗，我發現絕大多數的女生其實很重視「被在乎」的感覺。

舉例來說，為什麼她會衝著你發脾氣？因為你肯定忘了她說過什麼，無論是一件事或者一個規矩；為什麼她總是拘泥在微不足道的事情？因為那是你的微不足道，對她來說，只要是在意的事情，你就沒有小看的道理。

所以她不開心的時候，別拿太多自己的想法來說服，或者不著邊際的道歉和安撫，就女生而言，你放在心上的在意，好過多少理性勸慰或事後彌補。可即便如此，理解了這些也不過是看門道，想要找到與女生無害相處的生存之道，更多答案都在本書裡面！

在《我的口是心非都是有邏輯的》中，作者透過許多男女戀愛裡的日常故事與偶發事件，像面鏡子照出愛情百態，也讓眼中那些好像很難搞的女生，其實也變得有點可愛。

不求當個對女生瞭若指掌的人，但至少不要成為惹怒女生還渾然不覺的傻瓜，這是每個男性在愛情裡的必要功課。至於女生，如果還是搞不懂自己，為什麼有時候就是這麼歇斯底里，沒關係，那就試著慢慢和自己的內心對話，修正一些錯誤的想法與舉止，然後好好擁抱這樣怪可愛的自己吧！

不是女孩沒邏輯，是你沒跟上她的邏輯！

如果你問一個男生，這個世界上最難搞定的是什麼，他的答案也許不是難纏的客戶、強勢的上司、棘手的案子，也不是洗衣服、做飯、打掃屋子，而是自己的女朋友。

男生不明白，為什麼她前一秒還是「山無陵，天地合」，後一秒卻「說不愛就不愛了」？

為什麼還沒開始談戀愛的時候，她溫柔可愛識大體，通情達理不矯情；可真的談起戀愛來，她就好像變成了滿腹牢騷的祥林嫂[1]、受盡委屈的小白菜[2]、折磨人的小妖精？

為什麼她心情好的時候像天使，心情差的時候就變成一個行走的炸藥包，一言不合就開啟虐男友模式？為什麼她明明說不用自己陪，明明說不喜歡收到花，明明說不想看電影，結果自己確實按照她說的做了，她反而不高興，連哄了三天還沒氣消？

男生當然知道女人都是需要哄的，也明白女生多半是因為在乎才會敏感、才會鬧、才會任性，但理解歸理解，真正經歷的時候，自己的小心臟還是像受到了一萬點暴擊一樣，簡直生無可戀。所以男生們湊在一起難免會大吐苦水：究竟是誰發明情人節的？為什麼男生好像必須要學會低頭認錯、送花、當出氣筒？女人的心還真是海底針，我覺得我不管再習得多少新技能都不夠用。

於是，男生個個都恨不得自己會讀心術，希望能**讀懂女生所有的口是心非和欲言又止**。

女生，尤其是還很年輕的時候，幾乎都有紅樓夢十二金釵症候群，總會有意無意的全方位、無死角的考驗愛情。她們會關心：「你去哪？和誰？回來的時候還愛我嗎？」所以，有時候女生根本不知道、不認為自己在沒事找事，可是男生就覺得她胡攪蠻纏，無理取鬧。

或許，很多愛情都是這樣吧——**始於不愛時的溫柔體貼、善解人意，終於深愛之後的敏感脆弱和大發脾氣。**

其實，基本上女生的刁難、口是心非、不懂事，都是有邏輯的——她不懂事是因為她覺得對方先不懂事，她跟他鬧說明他很重要，她生氣是因為她覺得自己

1 魯迅短篇小說《祝福》裡的人物，一生中經歷兩次嫁人、兩次守寡，連兒子都為惡狼所吞；在魯四老爺家工作時，她逢人便提起死去的孩子，讓人由同情轉為反感。

2 小白菜為葛畢氏的外號，因其著白衣綠褲，故得此名。同治年間，楊乃武與葛畢氏被懷疑通姦殺夫，在刑求後認罪，身陷死牢，含冤莫雪。此事為清末四大疑案之一，盡顯清末官員貪腐無能的醜態，後來多番被改編成影視作品。

被忽略、被輕視了。不過到最後，甚至連她都覺得他快要失去耐心的時候，他仍保持耐心，那麼他就贏了。

其實無論男女，人人都可以相信在這個世界上，真的存在一個完全、澈底、百分之百契合著自己理想的人，可是你若想遇到那個人，機率趨近於零，等於出門右轉遇到鬼。

在現實版的生活裡，你可能會愛上一個嘴上嫌棄，身體卻很誠實的在替你熨襯衫、洗襪子的女生，而她會遇到一個雖有不少臭毛病，但是很顧家、很愛她、很專情的男生。**普通人的日子其實就是這樣，兩個人在一起多久就要磨合多久**，你們會在「分歧—爭吵—和好」這個無限次的循環中，慢慢集齊這輩子所有的虐點、淚點和笑點。

所以，男生別動不動就怨自己命苦，如果她不任性、不吃醋、不撒嬌，更不花你一毛錢，那麼很明顯，她不愛你。而女生也別把自己當成女王，說到底，每個人來人間一趟，都是想找個人對自己好，而不是找個人來氣自己。這一點，男女同理。

愛情這條路，兜兜轉轉，迂迂迴迴，男生或多或少會遇到女友埋的幾個雷、挖的幾個坑，也只有當你躲得開雷、填得了坑，撐過這種種的試煉之後，你才能跟最愛的人一起肩並肩、手挽手，劈柴餵馬，周遊世界。

我有多想占據你的心，就會變得多猜疑

女：「你愛我嗎？」
男：「愛。」
女：「回答得這麼快，你看你多敷衍我！」
女：「你愛我嗎？」
男：「……。」

女：「你連這都要想啊？哼！」

女：「這件露肩的裙子和這件高領的衣服，買哪件好？」

男：「露肩的吧。」

女生聽了之後面帶不悅，放下衣服扭頭就走。男生追上去，連哄帶問。

女：「你這是什麼意思？如果我穿那麼暴露的衣服，難道你不介意別的男人盯著我看嗎？你到底愛不愛我？」

男：「不是啊，我只是覺得露肩的裙子能露出脖子，妳就能夠戴妳前幾天買的項鍊，高領款的衣服配那條項鍊不太好看啊。」

女：「我沒問你哪件衣服配項鍊好看，我是問你到底愛不愛我。那條裙子那麼短，又露肩又露腿的，如果別的男人盯著我看，你難道不會吃醋嗎？」

男：「那我們就不要暴露的，我去把高領的那件買來給妳，好不好？」

女：「我沒叫你買裙子給我，我是在問你到底愛不愛我！」

男：「……。」

對於此情此景，很可能有的男生心裡正在想：嗯，我覺得這還算好的，他女朋友至少還肯告訴他為什麼不高興，我家那位大小姐可是什麼都不說，一言不合就耍脾氣，還不告訴你原因。

孫佳佳在她男朋友的社群動態上，看到他發了一張照片，照片的一個角落裡，有一瓶博柏利（Burberry）的男士香水。

孫佳佳知道，他前女友現在人就在英國，於是她根據這條線索自行腦補，連問也沒問，便斷定這瓶香水肯定是他前女友送的，然後開始生悶氣：「什麼意思啊？他這是對人家念念不忘捨不得扔，還是兩個人至今藕斷絲連、餘情未了？沒關係，你捨不得她就回去找她啊，你放心不下她就回去找她啊，你還喜歡她就回去找她啊！」

就這樣，孫佳佳連著好幾天，對她男朋友的態度是電話不接、私訊不回、簡訊無視。

即使男友追問：「妳最近怎麼了？很忙嗎？還是出了什麼事心情不好？」孫佳佳還是不理他，心想：「你還問我，你真的不知道我為什麼生氣嗎？你真的不知道自己錯在哪裡嗎？你要是不把香水那張照片刪掉，你看我要不要理你！」

就因為那張照片，孫佳佳把男朋友打入冷宮半個多月，差點分手。其實她後來想想，也覺得挺無聊的，自己什麼都不說，他又怎麼知道自己在莫名其妙的跟一瓶香水較勁。

相反的，如果當初孫佳佳直接問他：「哪來的香水啊？」那她就會知道，真實的情況只是如他所說：「噢，大維上次去國外出差，我本來想讓他幫妳帶瓶香水，結果他在匆忙之中，把男款當成女款給我買回來了。我又不用香水，正煩惱不知道該送給誰呢。」

男生常常會很不解，為什麼女孩子在談戀愛之前都好好的，溫柔可愛識大體，通情達理不矯情，可是一談起戀愛，就變成了滿腹牢騷的祥林嫂、受盡委屈的小白菜、折磨人的小妖精，折磨得你都開始懷疑她到底愛不愛你；如果愛，怎麼忍心這樣對你？

其實啊，太年輕的時候，人總喜歡像烤紅薯一樣，三百六十度全方位、無死角的考驗愛情，**太想去驗證自己在對方心裡有多重要，太想成為對方生命裡最不可或缺的那一個**，於是，人肯定就變得多疑、猜忌、敏感起來。

就像雙魚座的孫佳佳，她能夠在「女漢子」[3]和「彆扭女」這兩種模式之間自由切換。不談戀愛的時候，扛水、做飯、修燈泡、開瓶蓋，自己都辦得到；可是一旦談起戀愛，往往你再怎麼寵她，她的心思還是難以捉摸，因為她太沒有安

3 指那些自認或被大眾認為性格言行與男性相似的女性，通常被認為是個性豪爽、不拘小節、不怕吃苦的這類女生。

全感了。

什麼是安全感？是手裡的錢包、鑰匙、充電器，還是滿格的手機訊號？更多時候，安全感是一種精神依靠，是最無助的時候，一句「有我在」。

有一天晚上，孫佳佳急性腸胃炎，打電話給男朋友。他那天正好和朋友聚會，她跟他說自己身體不舒服，感冒了，他還自以為幽默的回了一句：「我去接妳，出來跟大家喝點酒就好了。」

孫佳佳接著說：「我還燒到三十八．九度……。」期待著對方一聽，就心疼得立刻送藥給她，或者帶她去醫院。然而，他竟然回了一個字：「猛！」

孫佳佳當時又難受又生氣，連話都快說不出來了，可他還以為是她手機沒電掛了電話，第二天才後知後覺，終於意識到情況還挺嚴重的。

還有一次，孫佳佳出差一週以後坐夜裡的航班回來，下飛機已經是半夜一點多的事了。她男朋友本來說要來接她，但是人根本沒出現，她只收到他的一則訊息，說臨時有事，就連打電話給他也沒接。

她出差本來就已經很累了，又搭紅眼航班再加上暈機，等她自己一個人終於折騰到家，早已身心俱疲。後來她才知道，她男友那天就是因為別人說了一句：「你還真怕你女朋友，像我就從來不慣我女友。」決定不去機場接她。

寒冬落魄你不在，又何須共度春暖花開？

或許我們應該承認，有的時候，**你指望女生講道理，機率跟出門右轉遇到鬼差不多，然而有的時候，真的是男生自己靠不住。**

01

男友力訓練筆記

哪怕是在脾氣快要爆炸的時候，
先在心裡默念三遍：

她不是在無理取鬧，
她不是在無理取鬧，
她不是在無理取鬧。

其實，愛情這件事，
最後拚的也許不是你的條件有多好，

而是她覺得你對她有多好。

請牢記 10 字方針：

行、好、美、買、都買、妳說得對。

我氣你不知道我為何生氣

「我沒事啊。」

「我沒生氣。」

「我真的沒生氣，真的。」

「你還有事嗎？沒事的話我掛電話了，先這樣吧。」

掛斷電話以後，女孩自言自語的說：「你說你傻不傻，自己女朋友生不生氣你不知道？還問我有沒有生氣，簡直氣死我了。」

熟悉嗎？說不定，此時此刻正在你前面排隊等咖啡的女孩，就是剛剛這一幕的女主角。這就是女生最典型的生氣邏輯之一吧——我生氣了，你還不知道我為什麼生氣，然後我就更生氣了。至於惹女孩子生氣的真正原因嘛……其實，女生生氣不一定是因為男朋友。

體重增加，生氣；想紮個美美的丸子頭沒紮好，生氣；早上照鏡子發現最近加太多班皮膚太差，臉上還冒了一顆痘痘，生氣；沒睡飽、沒睡好，生氣；路上發現跟別人撞衫了，肯定生氣啊！

當然，跟男朋友相關的原因就更多了：訊息不回，生氣；晚點回，生氣；回的不是她想要的，生氣；亂花錢買禮物，生氣；不買禮物覺得不夠愛她了，生氣；口紅買錯牌子，生氣；買對牌子但買錯了色號，也生氣。

還有，他把家裡的最後一包零食吃掉了，生氣；他拍照把她拍得很難看，生氣；他吃飯喝湯的聲音有點大，生氣；他跟別的女生多說了幾句，生氣。

還有還有還有！買了新衣服，他沒有默契得及時打電話過來約她出去，生氣；

她正在追的那部韓劇更新了，而且是大結局，她本想窩在家裡好好看完，他卻偏偏在這個時候非要約她出去，她還是生氣。

沒錯，很多時候，**女人就是一個行走的炸藥包，可等她心情好了，就算你打碎了她剛用沒幾天的超貴眼霜，她也不會跟你計較。**

對有另一半的男生來說，在這個世界上有一種永遠的折磨，叫做「我女朋友又生氣了」。

什麼？你居然忘了女朋友的生日？你可以出門忘記帶鑰匙、領錢忘記提款卡密碼、開會忘記帶提案簡報，但就是不能忘了自己女朋友的生日！

你以為之後喊聲寶寶、來個抱抱、買個包包，就可以平息這場腥風血雨？相信我，這件事永遠不會結束，因為你會經常聽到：「我就知道你不愛我了，你今年連人家生日都忘了！」、「你去年連人家生日都忘了！」、「你前年連人家生日都忘了！」

什麼？你居然敢在玩遊戲的時候不理女朋友，錯過跟她視訊？你可以不回老闆的郵件、不聽媽媽的話沒有早早穿上衛生褲來保暖、不忍受某個奇葩同事的臭毛病，但就是不能在女朋友想見你的時候不理她！

你以為過後再喊聲寶寶、來個抱抱、買個包包，就可以躲過這場滅頂之災？想得美！這件事永遠解決不了，因為你會經常聽到：「你不愛我了，你昨天顧著玩遊戲都不和我視訊！」、「你前天顧著玩遊戲都不和我視訊！」、「你大前天顧著玩遊戲都不和我視訊！」

還有，女生就連撒個嬌，最後也可能生氣，於是就有了接下來這一幕：

跟她下盤象棋，她說她的馬有三條命，我忍了；她的象可以過河，人家是小飛象，我忍了；她的車可以拐彎，是碰碰車，我也忍了。但她用我的仕幹掉我的帥，還說那是被她策反來的間諜，這是什麼意思？我一說「那妳自己玩吧」，她就生氣了，還氣哭了！

有時候，女生生氣的點很奇怪。

女：「我要睡了。」
男：「晚安。」
然後女生生氣了……。
女：「我沒事，你繼續玩吧。」
男：「好。」
然後女生生氣了……。
女：「不用解釋，我沒有生氣。」
男：「那就好。」
然後女生就真的生氣了……。
總而言之，女生生氣還需要理由嗎？真生起氣來，連你居然是我男朋友我都生氣！

別以為這些都是無理取鬧，更別以為這些都只是小事，就像有人會納悶，為什麼我女朋友，就因為吃不到一塊抹茶蛋糕而嚎啕大哭？還是很傷心、超傷心的那種。

我告訴你，蛋糕只是臨界點、導火線，她哭並不是因為那一塊蛋糕，而是她終於撐不住了，因為她**聯想起之前種種，發覺你並沒有想過如何給她她想要的生活**，你根本沒關心過她的脆弱和情緒，也沒關心過她最需要的究竟是什麼。

這世上有很多情侶檔，女的愛沒事找事又傲嬌[4]，生氣了憋死都不說；男的粗枝大葉又貪玩，不體貼也不會哄女生，然後遇上一點事，兩人都被氣得要死。

可是，氣過之後呢？更進一步說，兩個人的手能始終牽在一起、一路走下去，真正依靠的究竟是什麼？是美貌、身材、性情，還是家世？

有人說，所謂真愛，就是他能越過千千萬萬個胸大腿長的美女，一眼就看到臭脾氣、沒內涵的妳。

實際上，當一段關係越往後發展，你就越會發現，等過了一定的磨合期，所有那些外在事物能幫上的忙，會變得特別有限。兩個互相喜歡的人，她不必濃妝豔抹、錦衣華服，可以是任性的、慵懶的、粗心的；而他也不必甜言蜜語、口若懸河，可以有些改不掉的臭毛病。

就像徐志摩曾對陸小曼說：「我愛妳樸素，不愛妳奢華，妳穿上一件藍布袍，妳的眉目間就有一種特異的光彩，我看了心裡就覺著不可名狀的歡喜。樸素是真的高貴。妳穿戴整齊的時候當然是好看，但那好看是尋常的，人人都認得的，素服時的眉，有我獨到的領略。」

前幾天，我看到一段關於美國愛情電影《咖啡．愛情》（*Café Society*）的影評，很毒舌，但很戳人心：

---

4 為了掩飾害羞靦腆，而表現得態度強硬高傲、表裡不一。

看的時候還不覺得，但看完之後我忽然發現，這部電影有一點讓人細思極恐[5]（實際上，絕大部分的愛情電影都是如此），那就是——如果你一不小心把自己聯想成主角的話，你會發現，人生原來如此殘酷，因為就算妳真的美成了劇中演員布蕾克．萊芙莉（Blake Lively），膚白貌美有教養，溫柔賢淑肯生娃；就算上天給了妳一張女神的臉，也給了妳一副完美比例的超模身材，可能有一天，自己的老公還是會劈腿克莉絲汀．史都華（Kristen Stewart）。

的確，這話聽起來似乎有些腹黑、狠辣的味道，但是如果你想一想，生活啊，它要是真跟你玩起反轉哏來，可比電視劇、電影裡的情節來得凶猛多了。戀愛長跑了五年、八年、十年，馬上要結婚卻分手，或者才剛結婚卻馬上離婚，這樣的事不算少，甚至是太多。於是，問題來了。

即使如此又怎樣？大家就都不用談戀愛了嗎？看人家分手了、痛苦了，就說自己不相信愛情了，邏輯在哪裡？你怕傷害、怕傷心、怕欺騙，但誰不怕？

事實上，很多事情並不是你所看到、所以為的那樣。別人分不分手，和你相不相信愛情之間，真的半點關係都沒有，純屬多慮。

人生有很多事情本來就沒辦法圓滿，你們分開了，不代表你遇到的就是一個人渣；他們分開了，也不代表人家就該後悔，曾有過這一段的付出和經歷。

人生終究都在不斷變化，人和人之間的化學效應更是無比微妙，正所謂甲之蜜糖，乙之砒霜，對你來說很美好的事物，對別人來說或許是傷害。有的人，他很可能當過某一個人的逃兵，可最後卻成了另外一個人的蓋世英雄。

你要知道，這世界上一定會有人渣，但這不等於所有人渣都會被你碰到，更不等於所有人都會拿著你的善良和真心去餵狗。這個世界上，大概永遠少不了花心之人，但也不是所有花心之人，都沒有收起心好好過日子的那一天。

基本上，**不管結果是好是壞，總好過沒結果**，也總好過從沒走過這一遭。

5 意指仔細想想，覺得恐怖到了極點。

02

男友力訓練筆記

多喝熱水。
VS.
① 我幫妳煲碗湯送去。
② 開下門吧，給妳藥。

你覺得，女生在不舒服的時候更想聽哪個？

女生比較愛說的謊話之一就是：

「都老夫老妻了，還過什麼情人節⋯⋯。」

所以，該送花的時候還是要送，
別讓她偷偷羨慕別人家的女朋友。

有些女生可以單憑你的一個語氣詞，
就腦補出一部 80 集的連續劇來⋯⋯。
不過，這些也都是她真的喜歡你的表現，
不然你沒有這種待遇。

太懂事的女孩，一下就會被忘記

當手機響了起來，冒冒一看螢幕，果然是她男朋友，她幾乎想都沒想就直接掛斷。接著他又打進來，她還是掛斷，他再打，她繼續掛，後來乾脆關機……

這是怎麼了？

那天早上，冒冒比較晚起床，所以她連妝都來不及化，就匆匆忙忙的去上班了。晚上，她男朋友約她吃飯，見面第一句話就是：「妳今天怎麼這樣啊？」

冒冒：「嗯？怎麼樣？」

他：「妳怎麼出來吃飯連妝都不化？一點氣色都沒有。」

冒冒：「啊，我早上太晚起床，根本來不及化。而且我們部門今天也不知道怎麼了，一整天事情超多，我連水都沒好好喝幾口，快累死我了。」

他：「那妳可以把化妝品放在包包裡啊，我很多女同事她們都隨身攜帶化妝包。」

什麼？

當時冒冒已經很生氣了——我都跟你說了我今天好累，而你身為男朋友，關心的重點居然不是怎麼讓我多吃點東西，而是念叨著要我隨身攜帶什麼該死的化妝包——聽完男友的話，瞬間胃口全無。

可冒冒硬壓著火氣沒表現出來，也沒有接話，招手請服務生過來點菜。等服務生來了，冒冒就開始專心點菜，而她的男朋友呢，卻連她問他想吃什麼都沒注意聽，因為他還在糾結於剛才的話題：

「妳可是女生，不管怎樣還是要注意形象，養成一些好習慣。幸虧今天只有我們兩個人，要是多幾個朋友在這裡，妳說妳多尷尬啊。妳以後也隨身攜帶化妝包，像我同事她們那樣，如果早上太晚起床來不及化，就到公司再弄。」

冒冒繼續忍，一邊聽他碎碎念，一邊點菜，點了好多好多。服務生複述訂單的時候，猛然發現菜有點多，連忙確認：「妳這是有多餓啊？點了這麼多？」

冒冒沒說話，稍微估算一下，自己至少點了四人份以上的量，便跟服務生說：「嗯，先這樣，趕快上吧，如果不夠的話，我們等會兒看情況再加點。」

她男友立刻阻止：「夠了夠了，妳要吃多少啊？我們兩人肯定吃不完啊！打包回去也都不好吃了。」

冒冒看了他一眼，終於笑了笑說：「吃得完啊，你這就打電話，叫你那些每天隨身帶化妝包的女同事來吃吧，我先走了。」說完就起身拿包走人。

平心而論，冒冒這個男朋友人品不錯，對她從不小氣，每次和冒冒的朋友聚會，幾乎都會提早買好單，更不玩搞曖昧、謊話張嘴就來那一套。只不過，這個男人只要稍微會察言觀色，那天都不至於發展成最後那種局面。

當然，冒冒生氣的原因，大概有九成以上是因為男友對她不體貼，但是，還有一點我想提醒：前女友、女同學、女同事……當你要在你女朋友面前談及這些人的時候，請你務必控制好頻率，弄清楚狀況。畢竟，同性相斥。

在和女朋友和平共處的N項原則裡，有一條就是：**別老是在她面前提其他女人，包括你媽**。否則，沒有搞砸才奇怪呢。

這不是大不大度的問題，而是太多的女生寧可相信，男人從來不會在沒有感覺的女人身上浪費時間，所以「異性之間可以有純潔的友誼」這種鬼話，還是留著騙鬼比較好。

那麼，和一個完全不會察言觀色的人相處是什麼感覺？

一般來說，他隨時隨地能把天聊死，脾氣再好的妹子也能被他折磨得生無可戀。最關鍵的是，他自己根本沒感覺，還覺得是對方矯情、愛挑剔、EQ低。

有時候，男生會感慨：「唉，妳們女人還真麻煩，有夠難伺候。」

必須的啊！你買個手機、平板還得天天充電呢！你怎麼不嫌麻煩？你買輛車還得常去做保養呢！你怎麼不嫌麻煩？你養隻黃金獵犬還得帶出去遛遛呢！你怎麼不嫌麻煩？

有時候，男生也會感慨：「唉，妳們女人真不懂事，男朋友真難當啊。」

可是，**那些太懂事的女生，下場有可能會是怎麼樣？**

你說要帶她去參加同學聚會，她說：「我還是不去了，我在的話，你和哥兒們玩得可能沒那麼盡興。」你摸了摸她的頭，說：「我女朋友就是懂事，就是溫柔善良識大體。」後來，你就再也沒帶她出去聚會過。

她加班到晚上九點，你打電話，問要不要過去接她下班，她說：「不用了，我搭計程車回去就行了，你來接我把我送到家、然後再回你自己家，這樣太累了。」你說：「哦，那妳自己多注意安全。」後來，不管她加班到多晚，你再也沒提過接她下班的事。

她過生日，你問她想要什麼禮物，她說：「不用了，生日嘛，年年都有，也沒什麼特別，而且我其實對收禮物沒什麼興趣，我們燉點雞湯再下碗麵就可以了。」你點點頭，說：「我老婆就是懂事，我命可真好啊。」後來，你薪水漲了，而她過生日依然沒有收到過你的禮物。

你說週末帶她去爬山，她說：「不用，你現在工作挺辛苦的，週末你在家補眠吧。」你親了親她的臉頰，說：「我老婆就是懂事，感動死了。」後來，工作不那麼忙了，你卻再也沒提過要帶她出門玩。

有時候，**女生太懂事，其實就等於給自己埋地雷。**

03

男友力訓練筆記

在女生眼裡，
凡是敢為了別的女人來跟自己吵架的男人，
都活該沒女朋友。

男人來自
火星

女人來自
金星

男人和女人的思維方式本來就不同，
別非要逼著對方接受你的三觀，
也別硬逼對方改變。

女生在感情上，基本都是
「失望夠了才會離開」型的。

在不愛你之前，她還是會給你很多次機會，
當然，這是在不觸碰底線的情況下。
所以，別輕易放棄。

我們為什麼沒有在一起？

阿雯和大衛是相親認識的。聊起旅遊，阿雯說：「我一直挺喜歡大海的，特別想來個遊輪幾日遊。」

大衛說：「我出去旅遊還是最愛逛博物館。」

阿雯說：「你喜歡城市啊？」

大衛說：「我喜歡看文物。」

阿雯說：「你不喜歡海嗎？」

大衛說：「可文物都在博物館裡呀。」

其實，阿雯只是想問他更喜歡大海還是城市，僅此而已。

有一次，大衛出差去了，他打電話跟阿雯說：「我買個象腳鼓[6]給妳吧，是這裡的特產，送妳當禮物。」

阿雯一開始懷疑自己聽錯了，在確認了確實是那種高約一公尺的物體之後，她說：「不用了，我又不懂音樂。」

大衛說：「沒關係，放家裡擺著吧。」

阿雯簡直被打敗了，努力婉拒：「謝謝你的好意，但真的算了，家裡空間太小，沒地方放。」

大衛說：「這鼓真的好看，妳等等，我拍給妳看……。」

其實，阿雯只是不想要一個不實用的東西，根本不在意好不好看。

每個人的三觀[7]都不同，你所喜歡的東西，不一定就會被另一個人喜歡。

這就好比你始終對經典美劇《權力遊戲》（*Game of Thrones*）情有獨鍾，

恨不得對每個人說：「真的，你相信我，沒看過這部劇的人生，絕對是不完整的！」一遇到同樣喜歡這部劇的人，你簡直恨不得和人家聊個三天三夜。可也有一些人，就是覺得同是美劇的《宅男行不行》（*The Big Bang Theory*）明明更好看啊！

不管是對自己喜歡的東西，還是對自己喜歡的人，**你可以自由的表達自己的觀點，但是千萬別認為自己一定是對的。**

後來，因為實在覺得不太合適，阿雯提出了分手。但是身邊很多人都說：「人家有房有車、長相不錯、工作穩定，父母也都不算難相處，妳還想怎樣？」

---

6 中國跨境民族傣族的一種傳統膜鳴樂器，因形似大象的腳而得名，用於孔雀舞伴奏。有時會在鼓面中間塗抹一層糯米，使其聲音更為渾厚。一般由男演奏者或男舞者敲打，還有兩個人邊敲打邊比武的舞蹈。

7 一般是指世界觀、價值觀、人生觀。

愛情裡的很多事情，是不能用應不應該來解釋的。

A有房有車，B沒房沒車，她就應該嫁給A嗎？

C年紀比他大，D年紀比他小，他就應該喜歡D嗎？

E比F高也比F瘦，我就應該喜歡E嗎？

很多時候，愛一個人是欲罷不能的，是不受控的、無奈的，更是不講道理的，妳就是愛他。這就好像只要燭光燃起，妳無法阻止飛蛾一樣，即使說那樣做有多危險，說牠會被灼傷，說有前車之鑑也沒用，因為牠一定會飛撲上去。

但是，反之亦然，妳就是不可能愛他，這也是妳無能為力去改變的。

正如英國小說家毛姆（William Somerset Maugham）在《人性枷鎖》（*Of Human Bondage*）所說：「打翻了牛奶，哭也沒用，因為宇宙間的一切力量都在處心積慮要把牛奶打翻。」

所以，一個人如果不愛妳，妳美若天仙也沒用，妳再哭再鬧也沒用，不吃不睡還是沒用，宇宙間的一切力量，都在處心積慮的迫使對方遠離妳。

妳想想看，當妳遇見一個男生，妳知道他並不是妳的菜，可他卻擺明了一副「輸了妳，贏了世界又如何」的架勢窮追不捨；對於這樣的人，妳是不是也很想告訴他：別別別，我擔不起，我覺得你還是去贏了世界比較好。

學會拒絕，別帶給別人無謂的希望和誤會，別耽誤自己和別人的時間和精力。曖昧相處和含混不清的答案，最後會讓每個人都很煩、很煩。

在愛情裡，真的沒人有義務要為另一個人的一廂情願買單。它需要很多很多的情願才行，且永遠都不會像教小孩子唱兒歌：

「你會唱〈小星星〉嗎？」

「不會……。」

「不會哦，那我教你好了。」

妳一定也看過一些為愛拚命付出的女孩吧？

他喜歡苗條的，她就整天啃黃瓜、蘋果、番茄，晚飯只吃水煮青菜，連調味料都不放；他認為女孩還是白一點比較好看，而她偏偏是健康的淺麥色，她就買了一大堆瓶瓶罐罐，不斷琢磨怎麼護膚、防晒、敷面膜，天天研究著珍珠粉、薏仁水；他覺得女孩長髮飄飄加連身裙才是王道，她就捨棄了一櫃子的牛仔褲、T恤、平底鞋，義無反顧的走起了淑女風。

她就這樣慢慢變化著，期待有一天他能發覺，能喜歡。她恨不得把自己打好蝴蝶結，再搭上很多很多的贈品，就像一份聖誕超級大禮包一樣，送給他。

是的，她那麼好，可他也只是看一眼，聳聳肩，攤攤手，心想：「唉，沒辦法，好像不是我喜歡的那一型呢。」

是的，她那麼好，可她怎麼不問問自己，他真的需要一個愛他愛得低到塵埃裡去的人嗎？

終於有一天，她發現他身邊出現了一個女生，和他手挽手、肩並肩，他看著她的眼神裡全是溫柔。問題是，那個女生其實很普通啊，既不是什麼膚白貌美大長腿，也不是什麼學霸女神富二代，就是一個瘦瘦小小的單眼皮女生，臉上不僅沒有像自己那樣的兩個可愛小梨渦，可能還有些許小雀斑。

那時候她才忽然明白，不是這女生的運氣有多好，也不是他眼拙智障沒腦子，只不過自己忘了一點：如果他確實愛自己，那麼自己的高矮、美醜、黑白、胖瘦，其實都剛剛好──自己不用很美，也不用很瘦，只要平平凡凡、健健康康的就好。

我們都沒有那麼多時間，浪費在一個不可能喜歡自己的人身上。這一點，男女同理。

04

男友力訓練筆記

你打電話、寫情書、送早餐，
盛水、送禮物、接送上下班，
最後人家就一定會喜歡上你？

有些事，她自己真的能 hold 住，
不是非你不可。

（1）你拚命對一個人好。
（2）你有能力給她幸福。

根本就是兩回事。

有些人，

你能以她所希望的方式把她留在心裡，

也不賴。

安全感來自小事隨妳鬧，大事往我身後靠

大概就和男生的保護欲一樣，女生的被保護欲也是天生的。

說白了，男友力的重要指標之一，就是在外人面前你要懂得如何護短。

前幾天，小星和她男朋友一起出去吃飯。從餐廳出來後，走著走著，她一抬頭，看見對面廣場上好像有人在放風箏，她就開始四十五度角仰望天空，根本沒注意身後。然後，她感覺自己的手臂被什麼東西從後面撞了一下，仔細一看，

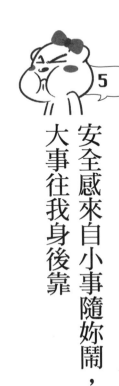

原來是一個騎著小型電動機車的女人，手裡還拿著手機。很明顯，剛才她應該是一邊騎車，一邊在打電話或者看訊息。

女人一看撞到了人，第一反應不是道歉，而是黑著臉嘟囔了一句：「現在的年輕人都怎麼走路的，後面有車來了不知道啊？」

由於當時小星抬頭看天的確沒看路，所以有點心虛，可還沒等她張嘴，她男朋友馬上就說了：「妳怎麼說話的啊？明明就是妳這麼大的人了，連車都不好好騎，居然還打電話、看手機，她走在最內側妳都能撞上。我跟妳說，妳就暗自慶幸吧，幸好妳今天騎得慢，我老婆沒事，要是哪天妳倒楣遇到一個製造假車禍的，妳信不信妳就算把房子賣了都不夠賠？」

那女人一聽便把手機塞進口袋，但嘴裡還是沒停，繼續邊說邊罵。

小星的男朋友也是被氣到了，警告道：「反正我今天沒別的事，前面就有間派出所，妳嘴裡再不乾不淨的，信不信我馬上報警，直接告妳傷害？」

那女人這回沒多說什麼，電動機車一加速，便往前騎走了。小星男友在後面還不忘補刀：「歐巴桑，妳好好看路，別到時候出了事，妳哭都來不及了哈。」說實在的，男朋友這話說得有點毒舌。

接著小星低下頭，好好往前走，男朋友卻將她一把拉住，見四下無人就開始訓她：「妳走路怎麼老是不好好看路？長眼睛是幹麼用的？裝飾呀？」

小星連忙反駁他：「喂喂喂，你剛才不是都說了嗎？這回不是我的錯啊，是剛剛那個大嬸不對，自己上來撞我的！」

「好了，一碼歸一碼，不愛看路這個毛病已經不是一、兩天的事了，妳就是不改。」

「既然覺得我理虧，那你剛才為什麼還那麼理直氣壯的嗆人家一頓，甚至還要報警？」

「那不一樣，在別人面前我必須護短啊，槍口要一致對外；現在這算是內部檢討會，妳錯了就是錯了。」

小星這個護短的男朋友，你給他打幾分？

凡事就怕來個比較，尤其是和前任相比。

有一次，小星和前男友兩個人出去吃火鍋，要離開的時候，鄰桌的女生剛好起身去盛醬料，結果一個沒拿穩，碟子摔在地上，裡面的湯汁還灑到小星的鞋子上，鞋面髒了一塊。

本來是件挺小的事，小星也沒生氣，原本想說聽那女生道個歉，她自己用溼紙巾擦一下就OK了。可是那女生表現得像不關她的事一樣，連抬頭看小星一眼都沒有，只是招手示意服務生過來收拾一下，自己轉身就走了。按方向判斷，應該是接著去拿醬料。

小星立刻上前拉了她一下，暗示她道歉：「妳剛才碟子掉了，醬料灑到我的鞋子上。」

「那妳應該跟服務生說啊，要張紙巾擦一擦不就好了嗎？」

「妳怎麼這樣說話啊！」

「我說得不對嗎？」

「對什麼對？妳連句『對不起』都不會說嗎？」

那女生還想再說些什麼，可她男朋友站了起來，衝著小星怒斥：「有完沒完？妳要是吃完了就趕快走，我告訴妳，最好別沒事找事！」這時候服務生也過來了，遞了好幾張紙巾給小星，又勸了雙方好幾句。這時小星一回頭，竟看見她前男友站在不遠處，跟看熱鬧的一樣，完全沒有過來替她說句公道話、撐撐腰的意思。

小星這下更生氣了，扭頭就往外走，可一出了火鍋店的門，她前男友馬上張嘴說了一句：「剛才那兩個人一看就挺不講理的，妳不該跟他們一番見識啊，走掉就好。」

小星最後忍不住了，回了他一個字：「滾！」

說到護短，我也想到一件我小時候的事，是關於我媽和我的。

我們家是屬於那種典型的嚴母慈父型家庭，我媽對孩子的教育比較嚴厲，過年了小孩子要給長輩磕頭；即使飯做好了，若大人還沒上桌，你絕不能先吃；今天這頓的菜如果你不愛吃，或者你貪玩說不想吃了，那就真的別吃，餓著，永遠不會專門再替你重新做一道菜。

買玩具也是，我媽說我小時候跟別的孩子最大的不同，就是對玩具不是很熱衷，比起絨毛玩具或是娃娃，我更喜歡看各種有彩色圖案的書。所以我的玩具其實挺少的，唯獨在意一個哆啦Ａ夢的模型，別的玩具是丟是壞是送人，我都無所謂，就只把那個哆啦Ａ夢模型當寶貝，直到現在我還留著。

我記得大概四、五歲的時候，有一次，一個親戚家的奶奶，帶著一個和我同年但是比我稍微小一點的小女孩來我家玩。印象中，那小女孩從一進門就一直和我搶這搶那的，後來，我和她就因為這個哆啦Ａ夢模型爭了起來，明明是她先動手推了我一把，結果她還哭了！

等她奶奶過來，第一反應就是挺大聲的對我說：「妳要多讓妹妹啊，她還小嘛。」

「是她搶我的玩具，是她先推我的！」

不久我媽也過來了，輕輕拉了拉我的手，然後跟我說：「媽看見了，去洗洗手，該吃飯了。」

臨走的時候，那小女孩眼巴巴的盯著我手裡那個哆啦 A 夢模型，她奶奶就開口了：「不然，妳把這個送給小妹妹吧，好不好？等奶奶下次來，就買好多好多糖給妳，好嗎？」

我媽看我死死抱著哆啦 A 夢模型，不撒手也不言語，就跟我說：「妳跟我來房間，我跟妳說兩句話。」

可一到房間裡，我媽就直直朝著衣櫃走過去，然後打開櫃門，拿出一個我沒見過的絨毛玩具，再轉身走出去。她笑著把玩具遞給小女孩，「這個是阿姨新買的，包裝都還沒拆，準備等過年的時候送給小姐姐的，她連看都還沒看過呢，送給妳玩吧。」

結果，那小女孩依然不高興，噘著小嘴，眼淚隨即落下，她就是想要哆啦

A夢模型。眼看如此，她奶奶說：「唉，孩子難得喜歡……。」

「實在不好意思，那個真的不行，我女兒也難得喜歡，這哆啦A夢模型陪她好多年了。」

我媽沒覺得我年紀大那麼一、兩個月，就該讓著別人。她知道我是真的喜歡，所以就是要護著我，她也不太在意別人怎麼看她。從小到大，我很少能從我媽那裡討到便宜，不過自從那次以後，我就沒再問過我爸，我究竟是不是媽媽親生的了。

這是個奇葩處處有的世界，而好男友的標準之一就是，你能否讓女生在面對這些奇葩的人事物時，心裡有點把握：想欺負我？辦不到！哼，姐可是有男朋友的人！

說白了，女孩子所要的安全感，其實就是那種「**小事妳可以隨便鬧，大事往我身後靠**」的感覺。她需要知道，別的女生腿再長、胸再大、說話的聲音再嗲，在他眼裡也被自動隱藏了，而自己哪怕有一堆缺點和壞毛病，也依然被他寵溺著和保護著，含在嘴裡怕化了，放在口袋裡怕丟了——有他在，誰都不能動她一根汗毛。

「別人會吐槽自己女朋友太愛吃，他倒不是這樣，每次都恨不得我把鍋子一起吃掉。」

「每次就連我媽嫌棄我最近變胖了，他也不樂意聽，哈哈哈。」

這不都是赤裸裸的放閃嗎？

可是你說，哪個女生不希望有這樣一個男朋友？

05

男友力訓練筆記

態度決定一切！
態度決定一切！
態度決定一切！

重要的事情說三遍。

既然態度決定一切，那麼有時候，
別硬是要和女生討論道理，

反正，人家又不想當什麼講道理的人。

很多女生要的東西真的很簡單，

就是希望一直有個人，

陪她從新鮮感走到歸屬感。

你做到了、做足了，那她就是你的。

別把直男癌當成男友力

某天去剪頭髮，旁邊坐了一個正在染頭髮的男生，旁若無人的在和髮型師閒聊。我聽了聽，然後替該男子稍作總結，大致意思如下：

「我呢，現在是沒什麼本事，但我自我感覺很良好啊，沒人看上我，那是因為現在的女孩個個都太現實了。我希望有個妹子，能透過我一沒錢、二沒本事的外在，愛上我的內在，然後我會拿空氣來好好愛她。」

我聽了之後澈底感到無言。人生就是這樣，每當你覺得已經見過了所有類型的奇葩時，又會冒出幾款新的。

毫無疑問，該男子是直男癌[8]重度患者一名，把我雷一個外焦裡嫩的。我只能說，真佩服我的定力，當時居然還坐得住。

什麼是直男癌？

只會告訴女生「多喝水」並不是直男癌，直男癌的標準也不是EQ低、囉唆、小氣、頹廢、蠢，更不只是所謂的大男子主義，而是擁有奇葩無比、簡直歪裂到外太空的三觀。**他們活在自己的世界裡，還以為自己永遠站在真理一方**。他們帶著九頭牛都拉不回來的雙重標準，還感覺自己實在太可愛了，自以為性格直爽，見多識廣，人見人愛，花見花開。

這些話，直男癌常掛在嘴上：

「等我有錢了，什麼樣的女人找不到？」

「男的越老越吃香，女的老了就貶值了。女孩子要那麼高的學歷幹麼？」

「妳讀博士、出國、當高階主管、開公司又怎樣？最後還不是要嫁人，伺候老公、孩子一輩子？」

他帶著霸道總裁指點江山的感覺，評價這、評價那，看這個人不順眼、猜那個人有黑歷史。在他看來，女孩化妝了，肯定是為了吸引男生；女孩拎個名牌包，肯定是找了個有錢人、認了個會替自己付錢的乾爹；這女孩穿得稍微清涼一點，晚上肯定常跑夜店、混酒吧；前面這車轉彎技術不好，司機肯定是女的；他的工作叫事業，而女孩的工作就叫「照顧好自己老公」。

在他們眼裡，女生基本上分為兩種：一種是妳喜歡我，但是很遺憾，妳身高只有一百六十二公分、胸圍只有A罩杯、臉上還有兩個拿高倍率顯微鏡才看

8 這個新興詞彙於二〇一四年六月底出現於豆瓣與微博，源於網友對活在自己的世界觀、價值觀、審美觀裡，時時向別人流露出對對方的不順眼及不滿，並略帶大男子主義者的一種調侃。

得出來的痘疤，配不上我啊；還有一種是——我可是個帥哥，還這麼優秀、這麼會說話，妳居然不喜歡我！妳到底有沒有品味啊？

遇上這種直男癌晚期患者，任妳有多少表情包[9]都不夠用。

真的有一些男生，挑女朋友簡直就像皇帝選妃似的。

艱苦樸素不愛打扮那一型，你嫌人家平凡普通，擔心以後帶出去丟臉，不能在哥兒們面前讓自己有面子。但是光彩照人那一型，你又嫌人家既會花錢又花時間，出門前得做好等她兩個小時的心理準備，你可沒那個耐心。

還有，遇見平胸的你嫌沒料；遇見身材好的你覺得人家胸大無腦沒內涵；遇見學歷高、有內涵的你又覺得人家太孤傲、不合群。抱歉，明明就是你自己太沒格調，還吐槽女博士是滅絕師太那幫人[10]……我倒是覺得，人家讀書讀得好，其實就是為了不必嫁給像你這樣的人。

扯得遠一點，我記得，以前有個網站針對「數學應不應該退出高考[11]」做過調查。底下很多人都一片同意和叫好，結果有個路過的網友無比淡定的留了一句：「數學就是用來把這些叫好的人篩出去的……。」

當然，好女孩可能遇上直男癌晚期型人渣，而好男孩同樣可能遇人不淑。

有些女生選男朋友呢，有錢的嫌太老，年輕的嫌太窮，年輕又有錢的，妳又擔心人家那副大少爺脾氣妳hold不住，怕受委屈。還有還有，長得帥的妳擔心人家太招桃花，沒安全感；忠厚老實的妳又嫌人家無聊、沒幽默感；工作忙的妳覺得人家不體貼；工作清閒、穩定的，妳又覺得人家安於現狀、不求上進、目

9 通常以時下流行的名人、語錄、漫畫、影視截圖為素材，配上一系列相匹配的文字，用以表達特定的情感。

10 滅絕師太是金庸小說《倚天屠龍記》裡的人物，為峨嵋派掌門。在中國大陸社會中，常常把女博士生喻為滅絕師太，因為現時社會對女博士生的評價與認知，常常與「高處不勝寒」、「就業難」、「擇偶難」、「離婚率高」、「自殺率高」、「易患強迫症」等掛鉤，性格則被認為不苟言笑、刻板木訥、有事業心沒有家庭觀念、不近人情與不懂風情等，這些評價與滅絕師太在小說中的人物形象極為吻合。

11 中國大陸普通高等學校的招生考試，是由普通高中畢業生和具有同等學力的考生參加的選拔性考試。

光短淺。

這世上的所有好事，是不會只跑到一個人碗裡去的。

你選擇了清純的女人，你得接受她的幼稚；你選擇了理性的女人，你得接受她的算計；你選擇了害羞的女人，你得接受她的自卑；你選擇了勇敢的女人，你得接受她的固執；你選擇了能幹的女人，你得接受她的霸氣。

還有，你選擇任何一個人，你都得接受對方的過去。

成功的交往，切忌一個貪字。你什麼都想要，最後得到的東西肯定恰恰相反。其實，最後在愛情裡能幸福的人，胃口都不大。

有人問，直男癌有救嗎？

有救沒救這倒不好說，不過，先試著在分寸感上多補救補救吧。在女生面前，男生能替自己大大加分的一點，就是他的分寸和克制。

我見過有的男生，逢人就愛提起自己去過哪些國家、看過什麼建築、賞過什麼名畫、喝過什麼酒、聽過誰的音樂會等，全然不顧大家已經疲憊到只想安靜的休息一會兒。

我也見過有的男生，他可以在飯桌上不停的對哪國總統品頭論足，或者揪著某一條社會新聞不放的高談闊論，搞得大家整頓飯吃得掃興至極。

還有一些男生，衣服、手錶、鞋子、包……他可以當著對方的面把人家從頭評論到腳，搞得對方尷尬不已，而他可能還認為自己是性格直接、快人快語，對此樂此不疲。

其實，直男癌也好，公主病也罷，大概等你遇見一個不想失去的人，**自然也就不治而癒了。**

06

男友力訓練筆記

「給予是最好的溝通。」

不單單是對愛情，
這句話對親情、友情，也同樣適用。

**「沒什麼問題是一個包包解決不了的，
如果不行，那就兩個。」**

這不是什麼鬼點子、餿主意，
可以試試看。

當你覺得事態相當嚴重，
道歉已經沒有用的時候，
試試幫她清空購物車吧。

說不定會有用。

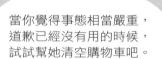

喜歡，是說盡好話；愛，是捨得花錢

前陣子因為工作的關係，我認識了一個在雜誌社工作的朋友——桃子。

一九九〇年代後期出生的桃子是個大眼美女，個性好強、可靠、精幹，也很肯拚，最忙的時候，她每週要獨立完成三、四個專欄，還要保證正常出差，以及下週的選題策劃。她業餘的一大愛好就是玩攝影，而且還是玩得很專業那種。

有一天晚上，桃子招呼我們幾個朋友一起聚餐，她的男朋友也在。我和他是頭一次見面，高高瘦瘦的一個西北男孩，白襯衫加牛仔褲，說話有趣，但並不油腔滑調，整體感覺屬於很看重生活品質的那種人。

以下，我就叫他插畫先生吧，因為他的職業是畫插畫的美術設計師。據桃子說，他日常的一大樂趣就是吐槽桃子不會畫眉毛，老是不對稱，然後動不動就問：「妳有沒有帶眉筆出來？我幫妳修一修吧。」但他每次得到的，都是桃子大大的白眼，並附加一句：「我跟你說，你這就是職業病，真的把自己當老藝術家了，把我的臉當畫布啊！」

那天，男生們都聊得比較開，也喝了不少酒。說著說著，他們就從現在的客戶如何如何挑剔，說到哪裡哪裡房價這一輪又猛漲了多少，最後好像還提升到了「賺錢到底為了什麼」的人生高度……。

本來這個話題還挺低氣壓的，可是聊著聊著，插畫先生說了句話：

「其實我覺得，很多人每天辛苦工作了八個小時，都是為了這八個小時之外的時間，那才是生活中的樂趣。你們看看我們家這位平時拍的那些照片，就知道她多喜歡攝影了。有時候我在想，我賺錢，大概就是為了給她買買鏡頭，好好養她吧。將來如果有一天，她說想自己開工作室，我也絕對會支持她。」

不知道為什麼，我當時就覺得這男孩特別可愛，特別踏實。

這番話讓我瞬間明白，以桃子小姐那種獨立、大器的個性，像她這樣一個難以駕馭的人，為什麼他們兩人即使已經相處多年，但在他面前，她還是這麼小鳥依人；為什麼她看著他時，眼神會那麼柔和、知足，從心底深處漾著歡喜。

插畫先生大概就屬於那種讓人羨慕的「別人家的男朋友」，專情、自律、簡單，對女朋友既在乎又尊重，能遇到這樣的男朋友是很幸運的事。我想，也一定有一些人，忽然由此聯想到了自己的前男友吧。

想當初，妳就因為買了一個心儀已久的某牌經典款包包，而且還是用自己的年終獎金買的，就被前男友碎碎念了三小時又四十八分零九秒。

有人覺得，現在女孩都有些拜金，售價五、六位數（按：書中金錢情況皆調整為新臺幣）的包包也捨得買，不背會死嗎？上千元的高跟鞋、靴子啊，那麼細的鞋跟，哪有運動鞋穿著舒服？幾百元一杯的哈根達斯啊，吃了又能怎樣？

那麼，請你告訴我，人家用自己踏踏實實掙來的薪水，購買自己喜歡的東西、吃自己想吃的東西，究竟哪裡不妥了？也請你告訴我，不拜金的女孩子長什麼樣子？不買包包、不用好的化妝品、不買戒指耳環、不喜歡鮮花也不吃哈根達斯；翻來翻去，衣櫃、鞋櫃裡就只有便宜的淘寶款衣服、帆布鞋，這樣嗎？

換一個角度看，如果真的有人讓自己女朋友過那樣的生活，別人難道不會覺得，你這個男朋友當得多少有那麼一點失敗嗎？

其實，我認為問題根本不是出在那些貴得要命的包包、戒指、霜淇淋上，問題是，這個世界上「不買又不會死」的東西多得是，「不吃又不會死」的東西也多得是，你這輩子就都不買也不吃嗎？

人越是年老就越會熱衷於回憶，在那些回憶裡，沒有什麼鍋碗瓢盆、柴米油鹽的瑣事，**有的全部都是那些當初你覺得多餘的東西**——是那束九十九朵玫瑰花，是那一次去吃法國菜，是那次住進豪華飯店海景房，是那條至今為止為她買過的最貴的裙子。

現在，你還覺得這些不重要嗎？如果沒有類似這些回憶，你又憑什麼說你是真的愛她？

世界上絕大部分的話，其實都是廢話，關鍵是從誰的嘴裡說出來，又是怎麼說；世界上很多事，其實也都是徒勞、無用的，關鍵是你怎麼看，又為了誰。

關於女孩們的消費觀念，我想再多嘮叨兩句。

以前看美劇《慾望城市》（*Sex and the City*），見凱莉・布雷蕭（Carrie Bradshaw）近乎瘋狂的蒐集那些最美麗、最昂貴的名牌高跟鞋，我當時還無法體會她口中那種「站在高跟鞋上，就能睥睨整個世界」的感受。

後來，我真的懂了。那雙好看的鞋、那個名貴的包、那身的衣服，就像是士兵的盔甲、將軍的戰馬、決鬥者手裡尖利的劍一樣，只要妳擁有它們，妳和看到它們的所有人一樣，完全了解它們的精良、優質和身價，這會讓妳自信無比，即使身高只有一百六，氣場卻高達兩百八。

喜歡，是說盡好話；愛，是捨得花錢。

所以，我從不覺得愛情和金錢可以分開。面對那個恨不得連一瓶礦泉水、一個OK繃都要清清楚楚和妳AA制的男人，妳如果還傻傻相信將來你們之間的相處會沒問題，相信你們與周遭人的相處也沒問題，那我只能祝妳好運了。

當然，別誤會，我的意思並不是說，這年頭想追女孩子，你就必須天天送名牌、頓頓吃大餐、月月出國遊，畢竟這個世界上的首富們應該也不多。我只是覺得，**從消費觀可以看出一個人的生活態度**，說得再遠一點，它也直接關係到你們**以後會把日子過成什麼樣子**。

我的意思更不是說「錢是萬能的」，如果真是那樣的話，你可能會得到一些你想得到的，但最終會失去更多不想失去的。女孩啊，對方再有錢、再捨得給妳花，那是他的事，更何況，他今天能買法國珠寶卡地亞（Société Cartier）、香奈兒、LV給妳，能買奢侈品牌聖羅蘭（Saint Laurent Paris）各種色號的口紅給妳，明天同樣可以買給別人，連眼睛都不眨一下。

女孩，不要輕易被什麼「有情飲水飽」、「談錢傷感情」之類的言論洗腦了，但也別收到一瓶香奈兒五號香水、吃到一頓高檔牛排，就澈底動了心。

我希望，妳能把自己的工作和生活都打理得很好，獨立、乾淨，有格調、有底線，不管是香水、口紅還是牛排，妳都有自己搞定的能力。我尤其不希望別人提到妳的時候，第一印象是這樣：此女目前刷卡為生——男友的卡。

妳可以聽著《灰姑娘》的故事長大，但是長大了以後就該知道，灰姑娘遇到高富帥，然後還被人家猛追到底，那是編劇、導演們要研究的事，不是現實。

現實是，這個世界上不會有多少高富帥，天天閒著沒事做，就等著被妳遇到；就算妳遇到了高富帥，好歹人家開的也是一輛破千萬的保時捷，而妳呢？從頭到腳、裡裡外外，全身行頭都是正宗的淘寶款，全加起來還不到一千元，連一瓶好一點的化妝品都沒買過，**妳這樣好意思上車嗎？**

現實是，灰姑娘的故事感動不了王子，而妳與其相信童話故事，倒不如下樓去買張彩券，碰碰運氣。

07

男友力訓練筆記

人人都是一樣，
所有的不快樂、不開心，

都是因為自己的需求得不到滿足。

女生會生氣多久，
取決於你挽救的心有多急，

你晚一小時，她就多生氣一小時，反之亦然。

別說什麼談錢傷感情，

一切脫離開「物質」二字的談戀愛，

那都是在扮家家酒。

時間偷光你的選擇，卻也給你心藥

我問你見過思念放過誰呢？不管你是累犯或是從無前科。我認識的，只有那合久的分了，沒見過分久的合。

——〈給自己的歌〉

越過山丘，才發現無人等候。喋喋不休，再也喚不回溫柔。

——〈山丘〉

當你發現時間是賊了，它早已偷光你的選擇。

——〈給自己的歌〉

原來，全世界有多少情歌，就唱著多少路過。而以上這些歌，都出自同一個人之手——李宗盛。

如果是聽李宗盛唱歌，大概從來沒人會在乎他的高音能夠飆得多高、多過癮，也沒人會在乎他的音色亮不亮、音準穩不穩，因為只要他的聲音一出來，你所有的心思、情懷和感動，就全都跟著跑出來了，字字入耳，句句戳心。

李宗盛早已是華語歌壇裡教父級的人物，能唱到一首由他製作的歌，簡直是每個歌手的一大夢想。其實，很多人可能不太了解，李宗盛也是一個頂級手工吉他匠人，擁有自己的吉他工坊和品牌——李吉他（Lee Guitars）。

另外，相較於這些與音樂相關的事情，更多人不知道的是，他其實還是個美食家，而且喜歡三更半夜做飯。

李宗盛說，做飯對他而言是放鬆的，從錄音室回到家後，開瓶酒，就開始下廚，做那些需要跟時間「搏鬥」的美食，有時十一點開始忙，半夜三、四點才結束。為此，他甚至把臺灣的家改得比較寬敞，有一個約半個游泳池大的廚房。

他說，做飯這件事，跟做音樂太像了，你的火候、你的時間，哪個先下、哪個後下，這個跟那個的關係……這個跟那個現在看起來沒什麼關係，但是過半個小時以後就有關係了。而我倒是覺得，李宗盛的話更像是在說談戀愛，誰先出場、誰後出場，關係可大了。

現在，很多戀人面臨的最大問題就是——遠距離。

有個女生名叫荔枝，大連人（位於中國南端）。快畢業時，她男朋友得到一個很好的工作機會，但是地點在上海。當時荔枝已經被大連一家企業錄取了，而她也從沒想過去北上廣（北京、上海、廣州）闖蕩一番；對於上海，她總覺得那是座太妖嬈、太堂皇，同時又太排外的城市，她大概不會喜歡——她真的以為自己一輩子都會生活在大連。

可她男朋友很想去，OK啊，那就分手吧。

荔枝本以為上海離自己的生活圈很遠，可後來，她才工作沒多久，就接連碰到了幾個很厲害的專案，職位和薪資也是三級跳，事業一路發展得很順利。重點是，就在他們分手三年多以後，她竟然被調派到上海總部，而且是長期任職。當時，她前男友已經有女朋友，而且婚都已經求了。

其實，荔枝並沒有想過要復合或怎麼樣，那個男生甚至根本不知道她到上海了。她只是覺得，人生的際遇還真是微妙，很多事如果你肯回頭想一想，簡直就像照著劇本演的一樣。我們每個人都會經歷出生、長大到結婚、生子再到老去這個過程，只不過，我們誰也猜不到自己這一版的結局如何。

後來，荔枝的人生更像是神轉折——她嫁給了一個老外，定居加拿大，還生了一個混血萌娃。儘管她與他有過交集，最後卻沒能走在一起，不過所幸，她很幸福，而他也很好。

現實裡的愛情故事往往就是這樣，很多時候，它拚的並不是什麼「先到先得」，而是「非你不可」。

和荔枝小姐一樣，葉子同樣沒有選擇遠距離戀愛。

葉子的前男友是剛開始工作時認識的。葉子當初和他戀愛還不到一年，他就遇到了一個他覺得很好的工作機會，但要先去那家公司在國外的一個項目組裡任職，待上至少一年。

他和葉子商量，葉子說：「這事沒得商量啊，因為我完全不能接受遠距離戀愛，你如果真的想去，我也不會攔你，但我們兩個就只能分手。你決定就好。我不是不愛你，更不是不信任你，你也不必拿現在打電話或者視訊有多方便來反駁我，我就是不想過那樣的日子。我不想和電話、電腦、快遞、空氣談戀愛，不想在最想你、最想和你說話的時候，還得先看看你那邊幾點。」

遠距離戀愛最可怕的一點，就是時間的距離，真的會沖淡兩個人之間的情感。就說個最簡單的小事吧。

女生小 A 某天沒帶傘，偏偏淋到雨了，又溼又冷的，再看著身邊經過的女孩都有男朋友幫忙撐傘、披外套，於是滿心委屈和可憐。到家後，男朋友打電話來，她心裡委屈不想接，訊息也不回，弄得男朋友在那邊胡思亂想擔著心。

可她如果接了電話，就算對方的語氣跟往常一樣正常，她仍舊聽著都覺得刺耳，還沒說兩句可能就直接淚崩了，然後還生著悶氣什麼也不說，就是不告訴他為什麼哭。最後這個弄不清楚狀況的男朋友，覺得她怎麼變得這麼任性、這麼無理取鬧？這戀愛到底還要不要談？又要怎麼談？

站在小 A 的立場上，這不算是任性，但是對她男朋友來說，這就是任性。一來二去，感情禁不起磨，自然也就淡了，沒了。

後來，葉子的男朋友又試圖勸了她好幾次，甚至開始引經據典：「人家王寶釧連十八年都能等了，我們分開一年又怎麼了？」葉子的態度則是：「你不也說了嗎？那是王寶釧……。」

其實這件事如果發生在別的女孩身上，未必會做得那麼決絕，絲毫餘地都不留。可葉子當時所堅持的原則就是這樣，不管你多好、多優秀，不管我多愛你、你多愛我，也不管將來我會不會後悔，都不行。

葉子大概永遠也不會成為那種，會跟男朋友說「我會永遠在這裡等你」的人，因為她很相信，**當一個人有了退路，就只會變得更加肆無忌憚**。另外，遠距離戀愛的見面時間總是很少，每次見面都被喜悅和不捨填得滿滿的，**很多問題自然會被掩蓋**。可能很多人能夠妥善處理這一點，對於前景也比較樂觀，但葉子真的認為自己做不到。

當然，凡事無絕對，很多事並不會像內建方向盤一樣，只要控制住了就能聽話的朝你所想像的結果發展，想去哪就去哪。那些熬過遠距離相思的戀人，有一些會皆大歡喜，終得圓滿；但也有一些最終還是因為別的原因而分道揚鑣，此生為憾。至於當初因為遠距離而選擇分開的人，也許錯過了就是一生陌路，可也許經過兜兜轉轉之後，竟然又走回到對方身邊。

所以，對於愛情這件事，無論你怎麼選擇，都對，也都不對。緣分這件事，說不定的。

後來，當一切的願意與不願意都經歷過了之後，我們終於真的明白，**成年人的愛情規則其實很簡單：**自己選擇，自己承擔。

我們都無法對別人的人生負責，無法指導別人：「你不該回頭，你能遇到更好的。」我們也無法指導別人：「妳讓他去吧，遠距離就遠距離啊，沒事的，妳一定要相信他。」畢竟，要面對並且承受最終結果的人，只能是他們自己。

其實，人生所謂的成熟，就是當你開始意識到，人與人之間的想法竟是如此不同。你想飛，我卻想留；你想活得熱鬧喧囂、人聲鼎沸，我只想活得風平浪靜、安安穩穩；你習慣人潮洶湧、車水馬龍，我就喜歡平沙落日、微風不燥。

我們每個人在自己認為對的選項裡打勾，然後再花費時間、搭上精力、賭上運氣，努力去證明自己當初的選擇是正確的。這不是一個簡單的過程，需要諸多造化和機緣，越勉強，越無益。

其實啊，女人個個都曾經是紫霞仙子，一心一意的以為故事的結局是「我的意中人是個蓋世英雄，有一天他會身披金甲聖衣、踩著七色雲彩來娶我」。[12]可到頭來，多少人最後都在無情的現實前逐漸明白……原來，我的意中人是個蓋世英雄，有一天，他會身披金甲聖衣、踩著七色雲彩娶別人。

人啊，自我療癒的能力真是超乎想像，畢竟不管你離開誰，又或者誰離開你，生活一樣要繼續。你還是有工作要做、有客戶要見、有親人要陪，你依然得仔細熨平襯衫上的褶皺，要想著怎樣解決你的一日三餐。

你以為你會低迷很久，可原來在與一個人告別以後，你的生活並不會因此失序太久。有一天你會發現，你的心情其實早已慢慢平復，你重新聽起車裡那幾

12 紫霞仙子是一九九〇年代中國電影《大話西遊》中的角色，「我的意中人是個蓋世英雄，有一天他會身披金甲聖衣、踩著七色雲彩來娶我，我只猜中了前頭，可是我猜不著這結局。」為其經典臺詞。

首百聽不厭的歌；你會出門旅行，在剛好趕上的某一刻按下快門，拍下一張美到永遠捨不得刪除的照片。

瞧，你生活的這艘航船不會真的失去平衡，你還是能找到新的方向，繼續往前行進。這不是冷血無情沒良心，因為問題在於：那不然呢？

一哭二鬧三上吊，誰要看？

不吃不喝不說話，有用嗎？

要賴打滾砸東西，然後呢？

時間留不住的那些過往，我們都該笑著放過。若再說得狠一點——那些活著離開你的人，都沒什麼好留戀的，真的。

08

男友力訓練筆記

她故意賭氣關掉手機，你就不管她了？

我告訴你，就算她冷靜下來想了想，
覺得確實是自己理虧，
可等她開機後發現，
你竟然連一個訊息都沒傳給她，
火氣說不定比本來更大。

只要她還肯和你說話，
無論她放多狠的話，
也都是在等著你去哄而已。

所謂的恩愛，

其實就是好好說話。

愛情就是，任性卻又平凡的事

我不知道現在有多少人聽說過，或者正在面臨以下這種情況。

相親之後，女方觀察了兩個月，覺得對方真的不太適合自己，決定分手。

結果家裡人一聽，頓時反應極大：「嗯？哪裡不適合了？孩子，妳自己說妳都多大了，錯過了這個，妳還想找什麼樣的啊？」

女方說：「他很不會察言觀色，況且我們兩個價值觀差太多了。」

家裡人又說：「不用跟我們咬文嚼字，什麼察言觀色、價值觀的，妳啊，其實就是任性，我看你們挺互補的，妳別急著下決定，再想想。」

女方心裡暗暗叫苦：我們互補？補個鬼咧……。

在愛情裡，錢賺得不多、長得不帥，也許都不是最無法彌補的缺陷，完全不懂察言觀色才是。

不會察言觀色，究竟是怎樣的一種謎之尷尬？

舉例來說，你帶著女生A去看看風景、登登名山、逛逛古寺園林，想要增進感情，氣氛好的話，搞不好還能藉機牽牽手、搭搭肩什麼的。這方法完全沒問題啊，問題是人家明明信奉天主教，你卻不知道是哪根神經不對，一遍又一遍的要她每個禪院都去許願、祈福、求籤，不掃興才怪。

或者，女生B可是正經的少數民族，大家出來聚餐，你只想著幫人家夾菜、倒水、獻殷勤，可是，對方能吃的滷牛肉、香辣蝦、青菜你一樣都不選，偏偏猛堆糖醋排骨、紅燒肉到她的碟子裡，結果，還是靠她的閨密出來解圍，默默幫她吃掉。

又或者，女生C既不信哪一種宗教，也不是有自己飲食習慣的少數民族，但是幾次接觸下來，透過你的種種細節和表現，在人家女孩眼裡，你的腦袋上閃亮亮的貼著四個大字——不！會！聊！天！

你骨子的邏輯觀念就是：週末正是用來宅在家的；花上萬元買包包簡直是在犯罪，而且大牌子都要明搶，買的人不是很有錢就是很傻；電影用家裡的電腦看不也一樣嗎；即溶咖啡也是咖啡啊，愛喝星巴克的我看都是假文青……。

所以，你倒是說說看，你可能步步都打動不到對方，人家怎麼會對你有好感？怎麼可能不暗翻白眼，拒你於千里之外？

到現在為止，我始終認為愛情這件事呢，既平凡又任性，平凡到每個人都能擁有，任性到大概在你們說第一句話、見第一面的時候，心裡就已經有個底了——這人啊，不是我喜歡的那一型。

很多人都做過一件挺無聊、挺荒謬的事情，特別是在年輕氣盛的時候，那就是一旦和自己的想法事與願違，就容易覺得對方是嫌貧愛富，或是只看外表不看內涵，覺得對方太膚淺，沒眼光。

實際上，真正能夠肩並肩、手牽手好好走在一起的兩個人，靠的都是八個字——**三觀契合，互相尊重**。真的面對一個跟自己三觀不一致的人，你大概一秒鐘都不想和他待在一起，連一個標點符號都懶得給他；如此勉強談下去的結果，一定是「來啊來啊，讓我們互相傷害吧」。

說來說去，三觀一致到底是什麼意思？

三觀一致，可不光是我們都認為的小偷該抓、老人該扶，還有我的愛好是買口紅，那你的愛好就該是幫老婆買口紅；我喜歡跑步，你喜歡健身，我們可以一起去健身房；我認為女人出去掙錢也是應該的，妳認為男人做做家務、哄哄孩子也無妨……諸如此類。

總之，對於愛情裡的人來說，三觀對了，聊天和相處的頻率也就對了。能夠尊重彼此的不同，雙方都能做最舒服的自己最重要，然而，這也是最難的。

想想看，女朋友非要你把合照設成手機待機畫面就是任性？非要吃某一家的生煎包就是找麻煩？從來不吃香菜就是莫名其妙？

在有些人看來，這些全都是煩惱，他覺得這些行為是滿不講理、不懂事，是在耍花招，但同樣一件事，發生在另外一對情侶身上，就完全不是問題啊！

她想讓我把合照設成待機畫面，那就設吧，我女朋友多好、多美啊，大大方方秀一把恩愛、放放閃，不是挺好的嗎？

她想吃生煎包，那就帶她去吃吧，難得她都「欽點」了，我還樂得不用再浪費腦細胞，去糾結這頓飯要吃什麼呢，多好啊！

她就是不想吃香菜，那就不吃吧，這根本小事一件啊，反正她愛吃的東西那麼多，我們點別的吃不就OK了嗎？

談戀愛，最可怕的不是她偏偏遇到一個毒舌型男朋友，而是他真心以毒舌為幽默，拿尷尬當有趣。結果，她總是被他打擊、挑毛病，挑到她甚至有種被嫌棄的感覺。在他那裡，她花了二、三十年建立起來的自信和三觀，簡直統統都被否定掉了，好像她的出生就是一個錯誤似的。

可是分開之後，當她遇見了另外一個人，各個方面又似乎全對了——他真的不會因為她最討厭吃某樣東西，就覺得她任性難伺候；他不會因為她開車找錯了路，就反覆數落她笨得要命；他不會在她說很想去玩旋轉木馬時，認為她太幼稚，也不會因為她老是愛素顏、愛穿平底鞋，就要她非改變不可。

他們之間的溝通成本很低，因為他們的想法保持在同一個頻率上。在他眼裡，她其實真的挺可愛的，她的一切缺點也都在他可消化的範圍內，而他在她這裡也是一樣。

她終於發現，哦，原來不是自己不好，而是自己那個前男友太差了。

09

男友力訓練筆記

別作對到底，

記住，

你以為的，真的只是你以為。

女生需要男生給她的感覺是：

我很忙，但是對妳，
我永遠有空。

對於絕大多數女生而言，

你肯不肯先服軟，

比道歉的時機、方式、內容還重要。

長輩真的比我們更浪漫

在我眼中、在我心裡，愛情最好的模樣，其實來自於我爺爺和奶奶。

爺爺的面相很憨直，不怎麼愛笑，可是奶奶長了一對彎彎的笑眼，我常常在想，奶奶年輕時一定特別好看。另外，爺爺的脾氣來得很快，一口飯菜不合胃口，就能立刻放下筷子不再吃的那種；可是奶奶就很淡定，這麼多年下來，印象裡，好像從沒見過她因為一些大大小小的事情而翻臉。

我記得我曾經問奶奶，怎麼從沒看妳和爺爺吵過架，奶奶給我的回答是：

「吵啊，怎麼不吵，**但是三兩句就吵完了。**」三兩句就吵完了，真好！

還記得爺爺家的院子裡有一個鐵線架，常常用來晒被子和晾衣服。後來有了我，爺爺就在鐵架的邊上額外支出一段，還特別找人做了一個有靠背的秋千木凳，結結實實的拴了一個秋千。

此後每年快到夏天，爺爺就多了一件事要做——安好秋千，換一換環扣和繩索。現在回想起來，那架秋千絕對算是我童年時期的一個指標，很多時候，爺爺會帶著我玩秋千，而奶奶就坐在旁邊陪我們，手裡忙著做自己的針線活兒，爺爺還會搖著一把舊蒲扇，替我們擋蚊子。

後來，我慢慢長大了，不愛玩了，爺爺卻始終捨不得把秋千拆掉，經常指著它，跟我講我小時候的事。很久以後我才明白，原來，奶奶特別喜歡這架秋千，偶爾沒事的時候，也喜歡坐在那兒摘菜、剝花生……可以說，爺爺其實就是為了奶奶的這份童心留的。

發現了嗎？長輩啊，真的比我們更浪漫。

等我上大學的時候，奶奶已經快八十歲了。

有一次放假回老家，我一時起了玩心，把自己的耳環摘下來，非要奶奶戴上看看，奶奶便答應了。奶奶戴了一會兒，在我剛湊過去要幫她摘耳環的時候，她說：「還是讓妳爺爺摘吧，他都幫我摘了幾十年耳環了，別人摘，我怕疼。」就那麼輕描淡寫、自自然然的一句話，卻猝不及防的在我面前大秀恩愛。

隨著身體漸漸不比從前，奶奶走動起來一天比一天更不俐落，拐杖慢慢不敢離身，記憶力和聽力也開始變得不是很靈光，但好在食慾一直都還算不錯。

其實，奶奶比爺爺年長兩歲，爺爺的身體狀態一直很好，這麼多年幾乎很少打針吃藥。所以到後來，平日裡已經是爺爺更常照顧奶奶。

爺爺說：「妳奶奶啊，就是太好強，以前她還常嫌我洗菜不仔細，現在你們看看，她吃我做的飯吃得多香啊。」實際上，爺爺心裡頭就跟明鏡似的，明白奶奶是不希望他進廚房，所以老是把他往外趕，就想讓他多歇歇，不願意讓他沾上一點油煙——他最不喜歡的就是那股油煙味。

然而，畢竟年紀擺在那裡，家族裡的人私底下也在說：「唉，別看老爺子目前這麼硬朗，但等將來真有那麼一天，這老兩口啊，誰先留下誰還不一定。」

後來，爺爺先走了，那一年的初秋，他永遠沉睡在那個溫涼和緩的午後，很突然，但也格外安詳。爺爺走了之後，大家開始特別擔心奶奶，不料奶奶卻出奇平靜，沒哭沒喊也沒鬧，可我就是覺得，她的眼睛裡總像有什麼讓人心疼的東西在閃爍著，亮晶晶的。

有一天，我看到奶奶自己一個人坐在院子的秋千上，嘴裡似乎在小聲念叨著什麼，待我走近，終於聽清楚了：

「往後啊，沒人推我了……。」

「唉，你說我怎麼就沒好好和你照張相呢，都怪我……。」

到了奶奶的年歲，一切好像都變得豁達通透。奶奶說，**她餘下的日子，走**

的都是通往爺爺身邊的路，多活一天開心，少走幾步也開心。

張愛玲說：「也許，愛不是熱情，也不是懷念，不過是歲月，年深月久成了生活的一部分。」我也想到了中國詩人海子的一句話，或者，他說得更簡明直白些：「其實我一直都明白，能一直和一人做伴，實屬不易。」

這個世界上有很多可以變，例如工作、城市或時尚，但愛情不同。人們常常告訴自己，也同樣期待對方這一輩子就只愛一個人，永遠不要變。

當成年了之後，對於上一代人的愛情或婚姻，我們難免會有些品評。很多人認為長輩們過的其實就是「將就型」、「捆綁型」的婚姻，而其穩定的基礎，主要靠的是道德倫理、社會環境、人際關係等種種約束，這些甚至可以說是一種並不道德的道德綁架。

但是，真的是這樣嗎？

或許，在這些約束之外，人性當中最純良、最厚實、最善良、最柔軟的那一面被無視了，而這些恰恰是我們最需要的，以及正在苦苦尋找的。

10

男友力訓練筆記

不浪漫這種「病」，

其實算不上什麼愛情絕症，
畢竟，有人有病，就有人有藥。

如果你想玩玩浪漫，
別太在意效果，更別擔心弄巧成拙，
畢竟，心意最重要。

日後有一天真的回憶起來，
被你搞砸的那次，說不定也最美好。

永遠不要覺得自己不會浪漫，
更不要斷定對方不需要浪漫，

有些事情你做了以後就會發現，
它的性價比其實很高。

人生微妙，聚散終有時

當女生在討論談戀愛要找什麼樣的對象時，可能會列出好多標準：陽光、帥氣有內涵；溫柔、體貼又顧家；浪漫、細心有格調；賺的錢全都交給我，讓我放心買買買；回到家能下廚，還是會做大餐那一種，把我寵成小公主……咳咳，想想就行了，接下來我們說點正事。

如果按照一種最理想、最穩妥、最順利的狀態，把順序倒過來往前推算，一個女孩子如果想在三十歲時，擁有一個一家三口的小家庭，那麼，她最好要在二十七歲就結婚，然後順利度過一年多的新婚磨合期，以及一年的身體調理期。

如果把兩個人從相識到求婚的這段戀愛過程，依兩年來計算，再加上求婚之後的買房、裝修等諸多瑣事，以及婚禮籌備期至少需要一年左右的時間，這樣一算，她最好在二十四歲甚至更早，就認識這個將來會娶她的男朋友。

換句話說，打從二十二歲大學畢業，其實，能歸你自由支配和享受的單身時間，就只有兩年左右。當然，前提是你不讀研究所深造，而且不經歷一場沒結果、不成功的戀愛。

怎麼樣，這個理想戀愛結婚規畫表所留的時間，是不是真的挺短暫的，有點被嚇到了吧？

說起來，小北確實在二十四歲時認識了浩子，但是很遺憾，這段戀愛最後並沒有一步步朝著他們所希望的方向發展，而是在兩年之後分手。沒有劈腿，沒有第三者，更沒什麼父母阻撓、車禍、癌症之類的韓劇哏。

對於這個結局，小北只是在深夜發了一則動態：

終於還是沒能以戀人的身分和他慶祝兩週年。我知道，他可能連禮物都選好了，但他值得更適合他的。至於我們，還會是很好的朋友。

其實，按照旁觀者的眼光來看，在小北和浩子之間，是浩子更愛小北一點……不不不，不只是一點而已。

浩子是那種真的會把女朋友寵上天的那種人，連大頭貼照都是他幫小北塗指甲油的照片。小北只是隨便念叨一句想吃牛排了，下次約會見面就八成是在西餐廳；小北不太喜歡別人抽菸，他就真的慢慢戒了不少；小北喜歡 Hello Kitty，他就任憑她在他的車裡放了粉色的毯子、靠枕、掛件和各種布偶，毫不介意，只要她高興就好。

據我所知，在小北和浩子戀愛的這兩年期間，兩人從沒為了什麼事情而大吵特吵過。所以，當知道他們分開之際，周圍很多人都覺得很可惜，不解道：

「浩子對妳多好啊，妳去哪裡找像他一樣，對妳那麼好的人？妳這樣不是太違反常理了嗎？」

小北說：「我知道，他真的是個很好的人，好到值得我放心去嫁，但是，我們其實真的不太適合。」

小北高中時就出國讀書了，工作以後，她的原則是不加班，工作絕不會帶回家，而且一談起電影、話劇，眼睛裡都放著光，還超級喜歡做旅行攻略、旅行、拍照。

可浩子呢？醫生，而且是名外科醫生。除了平時的手術、急診、加班外，外出的學習、觀摩、交流這些活動也很頻繁，平時有空的時候，他最大的娛樂就是深夜看球，而小北本人從小到大對任何球類體育項目都無感，即使在歐洲讀了好幾年書，也沒有培養起她看球的興趣。

用小北的話說，就是——浩子真的需要一個可以好好照顧他、照顧家的女人，需要一個可以很好的適應並配合他生活節奏的女人；我真的努力過了，但是沒辦法，我真的做不到。

我不知道你身邊有多少人，在去年情人節還是出雙入對、你儂我儂，並在社群軟體上狂放閃，可現今又回歸到了單身貴族行列，就像小北和浩子一樣。

有的人心裡當然不解，覺得兩個人明明沒必要分手，人家當男朋友的都已經對女朋友這麼好了，女朋友為什麼就不能再試試？遇見了一個對她那麼好的男人，為什麼還要沒事找事？

其實，沒事找事的「事」可不一樣。

有的事，真的就是不懂珍惜瞎折騰；而有的事，卻是不願將就，不想互相耽誤。我想，小北是真的想明白了——**他對我好不好，和我們將來在一起生活會不會幸福，真的是兩回事。**

平心而論，一個智商不低又識大體的女孩，要說服自己做出這個決定，對她來說，應該相當不容易吧。

小北說：「他可能並不知道，其實，我完全可以接受男朋友對我不那麼細心周到，畢竟我自己一個人在外面生活的那幾年，也沒有餓死、凍死或病死，我真的可以照顧好自己。只可惜，如果我們**能有多一點共同話題、彼此能再有默契一點**，那該有多好……。」

那一刻，我突然意識到，原來，在她和他的這場愛情之中，更遺憾、更心酸、更想要努力磨合的人，其實可能是小北，只不過，更清醒的也是她。

愛情裡的事，在發生的時候都是當時當下的，但是，關於這場愛情的另外一些東西，可能要到很久以後回頭思索，我們才能夠弄明白。

所以，對於每段最終沒有達成圓滿的感情，時過境遷之後大概有人會說：「嗯，也好，其實你們並不適合。」而最弔詭的是，這個人，和當初說過「你們真的挺配的」、「你們真的不應該分開」的人，恰好就是同一個。

人生微妙，聚散終有時。我只希望，在錯過對方之後，下一次戀愛，小北和浩子都能遇到那個對的人。

11

男友力訓練筆記

太過執念，傷人亦傷己。

「那些得不到的正好就是自己不想要的。」
這樣告訴自己，也是一種方法。

- 低級別的愛，
  是你以你自己所喜歡的方式付出。
- 更高級別的愛，
  是你以對方所需要的方式付出。

「天涯何處無芳草。」

信了這句話而分手的人，
後來大都不會再拿這句話勸別人。
所以，珍惜眼前人，也許眼前的就是最好的。

你該知道，我說的孤獨其實是……

上大學的時候，我們整個寢室都特別瘋美劇《六人行》（*Friends*），整整十季共兩百多集，被我們看了不知多少遍。

我記得，裡面有這麼一集：

大家張羅著幫瑞秋．格林（Rachel Green）辦一個三十歲的生日派對，可她一直對自己年滿三十，即將要開始「三字頭」的人生這件事耿耿於懷，怎麼都沒辦法接受。雖然有很多貼心的禮物可以收，但她就是很鬱悶，大家怎麼哄都不行，彷彿三十歲來了等同於世界末日。

看著哭哭笑笑、嘻嘻鬧鬧的一集，當時的我其實並不理解，奔三（奔向三十歲）這件事，真的有那麼可怕嗎？

妳呢？還記得是什麼時候開始澈底意識到奔三這件事的？是聽著新來的後輩同事們無比順口的叫妳「姐」的時候，還是聽著小孩子奶聲奶氣的開始叫妳阿姨的時候？

妳臉上微笑著，心裡卻不爽到爆，怎麼聽都覺得，「阿姨」這個詞跟「大媽」、「歐巴桑」的含意差不了多少……。

我的同事裡，有這樣一個年紀剛邁入三字頭的剩女[13]，不僅外貌極佳，會打扮，工作能力一流，人品更是沒話說。以下，就稱呼她山竹小姐吧。

日常我們所看到的山竹小姐，可說是乾脆俐落、走路帶風，真的是任何事情都打不倒、難不倒的樣子。和她相處久了，你就會深刻明白，原來女人也能如此衝鋒陷陣，毫不遜於男人。

然而，人永遠都是多面的，看似再強悍、再獨立的女人也是一樣。

有一次，我們部門出來聚會，山竹小姐稍微多喝了兩杯，因為那天其實是為了慶祝她負責的一個專案提前順利完成，高階主管決定請客。散場以後，由於順路，我和她就一起搭計程車回家。本來山竹小姐的神色和情緒都很正常，我們兩個聊得也挺開心的，但是，當車停在某個路口等待綠燈時，她的目光掃到了旁邊的車裡。

當時已是初夏時節，每輛車的車窗基本都開著大半，而她旁邊車道的那輛車裡正好坐著一家人，有孩子，有老人。孩子還很小，大概不滿週歲，乖乖的坐在後座的兒童座椅裡。

眼前無非是一個極普通、極平常的畫面而已，可大概是因為酒勁尚在，整

---

13 即大齡單身女性，指超過一般的結婚年紀但尚未結婚，或是被社會認為不可能結婚的女性，尤其是指能自力更生、擁有獨立經濟基礎的中產階級以上女性。

個人也跟著變得敏感一些。山竹小姐先是沉默了一會兒，然後對我說：

「妳知道嗎？其實，每次放假從老家看望父母回來，我幾乎都會暗自下定決心，現在只要有個男人想娶我，不管他外貌多難看、長得多矮，也不管他多窮、啤酒肚多大、品味多老土，我肯定立刻答應他，把自己嫁掉。

「但是一旦稍微冷靜下來再想想……唉，果然還是不行……我也想把生活儘早過成自己想要的樣子，過成我父母想要的樣子，可是，有些事，真的沒辦法勉強。」

她的語氣很落寞，讓人聽著有些揪心，而她當時那種似乎剛被洗劫一空，卻又充滿了很多情緒和內容的眼神，我至今都記得。

其實，那天的山竹小姐，讓我想起了我某次在西藏旅遊遇到的背包客——栗子。

那時候，我和一個閨密同遊，可栗子只有一個人，大家是共乘時認識的。我們聊了兩句，赫然發現後面剛好有一段要走的行程相同，索性結伴同行。當時的栗子是剛辭職出來的，看上去，頂多也才二十七、八歲的樣子。

我們留了彼此的聯繫方式以後，我發現她在遇到我們的前兩天發過一則動態，配圖是一張她的照片，身後就是布達拉宮，不僅光線很美，藍天很美，宮殿很美，她臉上的酒窩也很美。而我看了底下文字才知道，原來，那天正好是她三十一歲的生日。

栗子和我說，如果放在她出生的小城鎮裡，以她的年紀，第一個孩子可能都上學了，她的一些小學同學就是這樣。

她父母當然著急，按照老人家的心思，大概別人家的孩子連考試卷都交出去了，自家這麼好的女兒還在不慌不忙的做正面的填空題，能不急嗎？但說多了又怕她煩、壓力大，進而影響她的情緒和工作，所以只能時不時的明裡暗裡探探口風。

栗子說，曾有一段時間她心情特別差，房間裡每一樣東西都看不順眼，莫名其妙就想摔東西，養了好幾年的一隻貴賓犬也走丟了。總之，工作和生活幾乎都挺讓她灰心的，沒有一件事能讓她開心。

遇到放假，栗子也不太想回家，因為哪怕父母不說什麼，遇到親戚朋友、左鄰右舍，肯定有人會問這問那，弄得她都替父母覺得尷尬，好像自己真的犯了什麼罪過似的。

這種糟糕的心情和狀態，促使她有了那次西藏旅行，也才有了我們那一次的相逢。

後來，我和栗子的聯繫一直未斷。

我知道，在某一個瞬間，我心裡曾經產生過一種希望——我竟然無比希望，生活能像俗不可耐的電影劇本一樣，在西藏，或者是在回程的飛機上，栗子和別人拿錯手機、領錯行李，或者她一個不小心灑了鄰座一身果汁，然後撞上一場美好的豔遇……可是並沒有，什麼事都沒發生。

不過，令人高興的是，栗子並沒有讓我等太久。透過栗子陸續更新的那些動態，我知道她戀愛了：音樂會的門票是兩張，電影票根是兩張，飲料是兩杯，鰻魚飯是兩人份……。

今年的情人節，栗子發了一張圖片，是黃昏的塞班島（Saipan，美國北馬利安納群島最大的島嶼），白淨細膩的沙灘上留著兩雙腳印和兩行字：

Will you marry me?

Yes!

說實話，如果是在電視劇裡出現這樣的橋段，我肯定會和身邊的人吐槽：「我就說吧，現在的編劇有夠懶的，什麼老掉牙的爛哏還在用，一點誠意也沒有。」但是，當時的我真的被觸動到了。

配圖的文字，是栗子近來很喜歡的作家張嘉佳，在《從你的全世界路過》

裡的一段話：

我希望，有個如你一般的人，如這山間清晨一般明亮清爽的人，如奔赴古城道路上陽光一般的人，溫暖而不炙熱，覆蓋我所有肌膚。由起點到夜晚，由山野到書房，一切問題的答案都很簡單。

我希望，有個如你一般的人，貫徹未來，數遍生命的公路牌。

後來，栗子出嫁那天，雨稀里嘩啦的下了一整天，沒停過。栗子頭髮溼了，衣服溼了，襪子溼了，鞋子溼了……但是她始終開心的笑著，沒停過。她那眼角眉梢裡洋溢著的笑意，真好。

原來，女孩是否快樂和天氣無關，和年紀無關，只和她遇到了什麼樣的人、過著什麼樣的生活有關。

日本作家渡邊淳一在《情人》裡說，女人在二十幾歲的時候會擔心自己嫁不出去，可上了三十歲，一種女人的倔強便會油然而生，或者說，她自己獨有的生活習慣已經根深柢固，再想要改變，已經非常不容易。

其實，**這世上的人，哪有不怕孤獨的**。在那些獨自加班回來的夜裡，自己一個人孤零零窩進沙發裡不想開燈的時候，內心一定會有個聲音對自己說：我不能再這樣下去了。

中國劇作家曹禺的《日出》裡，女主角陳白露有一句名言：「好好的把一個情人逼成自己的丈夫，總覺得怪可惜似的。」而在女作家亦舒筆下，這句話被轉述成：「好好的一個男人，把他逼成丈夫，總有點不忍。」

其實我想說：同樣的道理，女人也是一樣。

講真的，一個女人要有多少的勇氣和愛，才能不出去找朋友逛街、吃飯、喝茶、練瑜伽，而是願意站在廚房，把那一大堆油膩膩的碗洗掉；才能不計畫出去旅行，而是願意把自己關在家裡，把一家人的髒衣服、臭襪子統統洗乾淨再晾起來？

請注意，是每天，每天！

當然，這世界上有一個永遠有效的法則，那就是一物換一物。什麼意思？

單身的時候，妳一個人做飯必多、煲湯必剩、連咖哩和調味料都能放到過期；水電瓦斯哪裡有問題，妳只能一個人想辦法解決；前一天熬夜、第二天早上睡到快遲到了也沒人叫醒。

妳要用種種尷尬、用一切的兵荒馬亂，換來妳可以一放假抬腿就走、無牽無掛去旅行；換來妳不用在想看場電影、想吃四川火鍋的時候，必須要顧慮對方時間方不方便、對電影類型的喜好，顧慮對方能不能吃辣；換來妳不用面對孩子哭鬧、老公晚歸、公婆太嘮叨，週末還有機會可以睡到日上三竿。

兩個人的時候，妳像是被「挾持」著，要放棄一部分的自我。

妳要忍受對方大大小小的毛病，且要扛起更多責任，去換來每天下班回家在樓下，就可以看到屋裡亮著暖暖的燈光；換來有人在離開妳去外地出差的時候，傻傻對著手機裡的合照犯相思病；換來父母每次一想到妳的時候能更安心，不用惦記妳胃不好，就算哪天半夜疼醒了，也沒有人在身邊照顧；換來妳不必連下樓扔個垃圾、拿個快遞、買個優酪乳，都得提醒自己：帶好鑰匙、帶好鑰匙、帶好鑰匙！

瞧，好一場關於孤獨的相愛相殺。

很多女生常被別人貼標籤，可仔細想想，女強人得罪誰了，要你付薪水了嗎？女博士有什麼不好，花你半毛錢了？全職主婦就代表她是沒能力的黃臉婆嗎？女漢子又怎樣，吃你們家的米了？占你車位了？還是刷爆你信用卡讓你清光購物車了？沒有，都沒有。

這些名詞、稱謂，其實都是別人設定的，而人格上的真正獨立和自由，就是我們自己去定義，並且去爭取自己的全部幸福。

現在，有些人會質疑，是不是一個人越成熟、越優秀，就越難愛上別人、越難結婚？但在我看來，不是你越成熟、越優秀，就越難愛上別人，而是你越成熟、越優秀，就越容易分辨出那是不是愛，與此同時，你也越難放棄原有的生活方式。

特別是對於生活方式這一點，從單身一人到兩人世界，又或者從兩人世界到三口之家，其實都是如此，你要打破一種平衡，就勢必要辛苦建立起另外一種平衡。

對於任何人來說，要離開自己原本的舒適區，都需要太大的勇氣，也都無疑是一場冒險。

說到底，我們誰都不敢保證，一場選擇最後會給自己帶來什麼，一條路走下去會遇到什麼；但是我們都該知道，其實，任何一種人生狀態都有漏洞，不過你也總會遇到一些奇妙和幸福，這當中無謂好壞優劣，無論如何你都得接招。

12

男友力訓練筆記

村上春樹願意告訴你：
「關於跑步，我說的其實是……。」

而對於女生而言，男生起碼應該知道，
當她說起關於孤獨的事時，她曾經歷過什麼。

實在不知道該說什麼、該做什麼的時候，
那就在一個比較合適的距離裡，
安安靜靜的陪著她吧。

一個女生如果生氣了，**你願意哄她這件事，**

比你怎麼哄她還重要。

你身邊就只有一個位置，可我也一樣

李默有兩個很要好的閨密兼損友——小楠和小雅。小楠已嫁為人妻，小雅則是快要嫁了，隔三差五就拉著她們陪自己試婚紗、買東西。

小楠呢，抓緊一切機會，擔任小雅的婚禮顧問和李默的愛情軍師，且不時會和小雅合作，想方設法開李默玩笑。

小楠說：「我們辦公室的一個小女生，就是我跟妳們提過的那個小妹，前兩天過生日的時候，有個喜歡她的男生跟她表白，還送她一條蒂芙尼（Tiffany）

的項鍊。因為這樣，她這兩天的心情都特別好，有好幾次，我看見她偷偷摸摸在那邊傻笑，找她辦什麼事都笑咪咪的。愛情裡的小女人啊，果然幸福，想藏都藏不住。」

李默就說：「呦，蒂芙尼項鍊，說明這男生的品味還不賴啊。」

小雅說：「我看不需要蒂芙尼，周揚光是請妳吃一頓肯德基，就能把妳騙到手。」

小楠馬上補刀：「依我看，連肯德基都不用，一袋泡椒雞爪就搞定。」

李默不服：「呿，瞧瞧，從蒂芙尼也能扯去雞爪，妳們可真厲害……。」臉上還帶著鄙視的表情。

周揚是李默公司的同事，和她不同部門，個頭不算高，略瘦，給絕大多數人的印象是既不幽默也不文藝，但頗有生活質感，話不多，屬於很典型的行動派處女座。總之，不偏不倚，正好就是李默喜歡的那一型。

和文靜型的李默不同，小楠可是性格很積極、很直接的人，有時候甚至有點口無遮攔，她接著說：「說真的，喜歡誰這件事千萬別拖，最好是妳不藏著，我也不掖著，又不是在演電視劇，把劇情拖那麼長幹麼？要虐出收視率嗎？再說了，現在的人，就連約炮、捉姦這麼難以直視的事都敢自爆，妳一個好女孩，正經八百喜歡一個人，憑什麼說不出口？」

李默一想：嗯，也對。

後來，李默的公司獎勵員工一次為期七天的旅行，日本、韓國和臺灣可以任選其一。選擇去臺灣的人之中，李默和周揚都在其中，而去的女生只有李默和另外一個已婚的姐姐。

那幾天大家玩得特別開心，行程主要安排在臺灣北部，玩起來很輕鬆，氣候宜人，吃得又很好，每個人都很愉悅。而李默隱約覺得，周揚其實對她頗為照顧，不僅大大方方的幫她拿包、照相、買水，還請她幫忙挑禮物給他家人，吃飯的時候也是盡量坐到她附近。閒談之間，他們聊到滿多話題的，他甚至跟李默講了一些學生時期的糗事。

但是，李默一直沒有想過表白，她擔心周揚如果對自己就純粹是對女同事的照顧而已，真的沒有其他意思，那可就太尷尬了，畢竟接下來還要天天碰面。算了，還是回去找機會再說吧。

後來，在臺灣的最後一晚到了宜蘭，行程也來到尾聲。呼吸著宜蘭涼爽而撩人的海風，又藉著兩罐臺灣啤酒的後勁，李默忽然覺得時機難得。於是，她終於無比忐忑的傳了一句話給周揚：「海上月是天上月，眼前人是心上人。」然後直接關機，沒等回覆。

倘若是在二十出頭的年紀，如果有「我愛你但你不愛我，你就是渣」，或者「我對你這麼好，你憑什麼不愛我」的綁架式邏輯，可能還說得過去，但李默不同，她已經過了那樣的小女生階段。

其實，李默當時心裡還是有一些把握和信心的，可她依然自行腦補了很多種情形，而其中之一，就是她明天可能會給周揚一個又糟又爛的解釋：真不好意思，我昨天有點睡糊塗了，手滑，訊息回錯人了，你別介意啊。

但是第二天，李默開機之後，收到了周揚傳來的兩張照片，一張是她在海邊的側影，應該是他偷偷拍的。而另一張是他們兩人的「合照」，是用修圖軟體修來的，還加了一個粉紅色的愛心邊框，至於修圖技術嘛，實在有點拙劣。照片之餘附了一句：「本來是想回去以後再傳給妳的，晚了妳一步。」

這是我們都想看到的結果，你有情，我有意，那就水到渠成在一起吧。其實，故事在不同的人那裡，往往會有另外的版本。

我們不妨來想像一下，在平行時空裡，周揚後來的確有所行動，只不過和李默所期望的剛好相反……。

回來以後，周揚安排了一場飯局，請了三五個同事，而且還多帶一個人，一個和李默年齡相仿的白淨男生。

在整場飯局上，周揚顯然已經事先和其他人說好了，張口閉口幾乎都在誇那個男生家世好、學歷高、工作能力強。飯局結束之後，他們又接著轉戰到了

KTV，因為那男生唱歌挺好聽的。散場的時候，周揚特意和別人走在前面，好讓李默和那個男生並肩走在一起，最後還囑咐那男生「順路」送美女回家。

那男生其實條件真的很好，但李默和他也真的是互不來電。而且，既然已經到了這一步，連傻子都能看出周揚的態度和意圖。

於是，**他們三個人，誰都沒有和誰在一起。**

以前我不太明白，為什麼有些人明明知道表白成功的機率很低，失敗了就連朋友都做不成，但她還是表白了。後來我逐漸明白，「我喜歡你」這句話，的確不能像餃子、小籠包、八寶鴨，應該像蓋飯，上頭是青椒肉絲還是孜然羊肉，全都亮出來，若能在一起，皆大歡喜，若是一言不和，那就各找下家吧。

別想太多，不喜歡就不喜歡啊，大不了大路朝天，各走一邊。你身邊就只有一個位置，可我也是啊！我這麼可愛、這麼懂事、這麼有趣、這麼識大體，不能當我戀人，真替你可惜呢。

相反的，世界上也總會有這樣一類人，被人告白覺得對方在開玩笑，被人喜歡覺得大概不長久，跟剛認識的朋友多說了幾句話就開始怕人家嫌煩，基本上除了打牌時喜歡不按牌理出牌以外，其他時候都挺克制嚴謹、小心翼翼的。

嗯，敏感多疑、卑微自閉，也該孤獨。

林夕說過一個尤為經典的富士山理論：**你喜歡一個人就像喜歡富士山，你可以看到它，但是不能搬走它**；你有什麼方法可以移動一座富士山？答案是，**你只能自己走過去**。

你要知道，世上的很多就是輸在一個「如果」。其實，如果你肯再勇敢一點，或許就真的過上另外一種人生，又或者那個人就真的跟你一路走下去了。

所以，如果喜歡誰，總要試著想方設法讓對方知道。默默陪伴在自己喜歡的人身邊，甚至盛裝出席看著對方跟別人結婚，這樣做既不偉大，也不容易。

你要知道，演戲很辛苦，我們都高估了自己那一身差勁的演技，而你若真的把這個祕密帶進墳墓，那沒價值，連陪葬都算不上。

13

男友力訓練筆記

分手可以是很多女生的口頭禪，
但男生就不必了。

記住——「衝動」真的是個魔鬼。

當她非任性不可的時候，
盡量讓著她，
等到她自知理虧，心裡自會感激。

有一套方法幾乎對所有女生都適用，
那就是——

看起來的漫不經心，

原來竟是策劃已久。

給自己一個理由，不以孤獨為伴

我在關掉電腦睡覺前，滑到了方糖小姐更新的一則動態：

心累，超累。

加班累到快癱，回到家推門一看，哎！客廳、廚房、廁所，到處是一片狼籍，貓把飼料袋從窗臺上推下來，貓飼料、充電器、面紙盒、化妝品、筆、衛生紙……各種東西亂七八糟撒了一地。

這世界真的很小，小到你叫個車、去趟超市、剪個頭髮，連國中同學也遇得到。

世界也真的很大，大到連找一個願意跟你一起稍微收拾一下殘局的人都找不著。

方糖小姐算是我的一個網友，從未謀面，只是一直在社群平臺上互相關注，偶爾互動留言一下。

我其實屬於不怎麼愛逛社群平臺的人，有時候我覺得，那裡不真實的東西很多，藉著奇葩的言論刷存在感的人也太多，所以我關注的就只有兩類：美食、旅行攻略。方糖小姐其實歸在美食類。

她熱愛自己下廚做飯，而且能做大餐，可以招待一大桌人的那種。她做早餐可以整整一個月都不重複，漿果慕斯、戚風蛋糕、馬卡龍等全是小Case，就連朋友生日，她送的蛋糕也都是她親手烤的。她在社群平臺上會分享很多關於美食的東西，會推薦旅行時遇見的必推餐廳和必點菜，會告訴你美食和美器如何搭配起來互相加分。

這麼說吧，每次看到她更新我都挺期待的，在我的印象裡，那天是她第一次在社群平臺上發洩自己的情緒。我想，當時的她真的覺得自己太孤獨了。

人在什麼時候特別感到孤獨？

有人說：叫了外送以後不敢先洗澡，因為沒人幫你取餐；問了句「今天幾號？」家裡沒人回應——是你在自言自語；手刮破了，想貼個ＯＫ繃還得自己去買。

有人說：出門想上個廁所，背包永遠都要跟著一起帶進去；期待好久的一部電影上映了，卻找不到人陪自己去看；過生日，祝我年年有今日，歲歲有今……還是算了；出去吃飯，才吃了兩口，服務生就來詢問：「不好意思，請問您只有一位嗎？實在很抱歉，能不能麻煩您和旁邊的客人併桌？因為門口有客人是全家一起來，所以希望能騰出一張桌給那家人。」

我不知道，你會不會偶爾這樣——下了班，出了地鐵往社區走，路上的餐廳似乎不少，但是一家一家的走過去，你卻絲毫沒有想走進哪一家的欲望。最後，你走進便利商店，買了一碗泡麵。

那時候，人甚至會突發奇想：世界上要是沒有「吃晚飯」這件事該多好。你心裡真的很希望，那時那刻，在前方的那個家裡，客廳的燈是亮的，廚房的燈也是亮的，電鍋裡的米飯已經熟了，飯香沖破蒸氣孔向外瀰漫著，鍋裡的青菜和熱湯也都已經入味，等你回家就可以端上桌了。

「孤獨」這兩個字好像會咬人，而這些時刻，就是它的牙齒。

哪怕你是好萊塢的超級巨星，你有豪宅名車、有光鮮的派對活動、有盛大的首映會和採訪、有整天追隨的粉絲和娛樂記者，你的身旁總有人在狂歡，**那些人為了你蜂擁而至，卻沒人真正與你有關。所以，人都很怕孤獨。**

從某種意義上說，我們本就帶著一連串的懼怕在成長。

努力的人，怕自己的付出得不到回報；單身的人，怕真的一輩子遇不到那個自己心甘情願愛上的人；談戀愛的人，怕一個不小心自己就變成前任。

年輕時，我們怕自己這一生碌碌無為，怕自己成功的速度趕不上父母老去的速度；年老了，我們又開始懼怕死亡，害怕自己從這個塵世走散，此後再無任何可以相逢的人。

所以，承認懼怕孤獨，從來都不是一件丟人的事，畢竟誰的心裡，又能沒有軟肋呢？

也有人說，喜歡一個人獨處，遠勝過對另一個人的遷就，這就是他單身多年的原因。而我只是擔心，**當你習慣孤獨，也許就是最大的孤獨了。**

但我想，你還是應該試試有人陪伴，哪怕從做普通朋友開始。你給對方機會，而對方能給你好好打扮準備出門的理由，能給你買新衣服、新鞋子、換髮型的動力，能讓你知道最近上映的哪部新電影真的好看，能讓你去試一下最近新開的日式料理店。你的生活也許會因此開闊起來，而不是除了待在辦公室，就是宅在家。

說不定試過後你會發現，兩個人在一起，**你所得到的快樂，可以遠遠大過於你所付出的遷就。**

我一直覺得，一個人指望著另一個人來拯救自己落寞無聊的單身生活，有點像是快要溺水了，在等著別人把自己救上岸。然而，等待愛情的人，通常比愛情裡的人更需要清醒，畢竟那些雞湯文和愛情片告訴你的道理，未必可信。

片中臺詞告訴你：「從現在開始，你只許疼我一個人，要寵我，不能騙我，答應我的每一件事情都要做到；對我講的每一句話都要真心，不許欺負我、罵我，要相信我；別人欺負我，你要在第一時間出來幫我。我開心呢，你就要陪我開心；我不開心呢，你就要哄我開心，永遠都要覺得我是最漂亮的；夢裡面你也要見到我，在你的心裡面只有我！」

女孩總是希望被對方當公主養，想當初多少人都被前面《我家有一隻河東獅》裡的那大段臺詞給震撼了？妳的確可以這樣想，但最起碼，妳得先問問自己有沒有張柏芝（飾演女主角柳月娥）那樣的姿色吧？

一如張愛玲在《流言》描述：

像我們這樣生長在都市文化中的人，總是先看見海的圖畫，後看見海；先讀到愛情小說，後知道愛。我們對於生活的體會往往是第二輪的。

所以，千萬不要在別人的故事和段子裡去試圖了解愛情，因為匱乏感容易使人深入其中，忘卻了真實的自己。

14

男友力訓練筆記

「我都已經做得這麼明顯了，
為什麼一直要我說『**我愛妳**』這三個字？」

你既然都做了，
又何必省那三個字？

任何人都更願意聽到有建設性的明確建議，

所以，看清狀況，
別在一些送分題上模稜兩可、含含糊糊。

說「我愛妳」這三個字，

在一開始總是難以啟齒，
甚至逼得你連尷尬症都要發作了，
但是，你應該嘗試著把它變成一種習慣，
起碼，從性價比的角度來說，對你有益無害。

慣著我的人，才有資格管著我

男：「我問妳哦，以後蜜月旅行妳最想去哪裡？」

女：「哦……京都？巴塞隆納？聖托里尼？」

男：「嗯，都不錯。是這樣的，我用谷歌衛星地圖把我們家的位置定位了一下，得出確切經緯度，然後把東經換成西經、北緯換成南緯。根據這兩個經緯度數據，我們可以推算出在世界另一端的一個地方，那是我們在這個地球上可以去到的最遠處，對我們來說，那個地方就是阿根廷布蘭卡港（Bahía Blanca）西

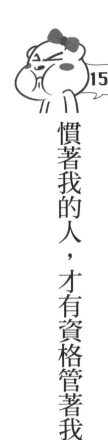

南方一百五十公里處的一片湖灘。站在那個點上，我們朝東南西北邁出的任何一步，都是回家的一步。」

哇塞……這女生不被當場感動到泛淚才怪呢。

其實說白了，這種浪漫倒也未必真誠，也可能已經玩到爛了，但是，大概沒有女生不喜歡聽吧。相比之下，你也想不到一遇到愛情，有些人的行為能力會低成什麼樣。

就拿最普遍的約會專案——看電影來說吧。

不用心先生是董董最近相親認識的一個男生，本來彼此的印象還不錯，他約董董週末一起去看電影，董董答應了。結果那天，董董早早就到了，而不用心先生為了多打一下遊戲，非要到最後一刻才出門，結果發現計程車不好叫，終於叫到車了又好死不死，偏偏遇到一個不太熟路況的司機。

於是，不用心先生先打電話問董董電影院所在的商場是在哪條街，等找到商場之後再問董董電影院在幾樓，到了樓層又說自己找不到，問董董該怎麼走。

結果，等不用心先生終於出現，電影也開場好久了。

先不說你應不應該儘早出門，這世界上有種東西叫做「網路」，你不知道嗎？地點、街道、樓層這些基本資訊，只要肯稍微用點心、動動手指，自己都能查到吧。就是因為這些沒任何技術難度的事情，把本來好好的一場約會攪和得亂七八糟，等女孩一看到你，心情好得起來才怪。

女孩心裡不樂意，滿臉黑線，覺得你根本是在誠心惹人不悅嘛，可你覺得自己才委屈呢，出門運氣差怪我囉？而且不就是遲到了一下子嗎？有這麼嚴重嗎？以後注意點不就好了！

嘖！嘖！嘖！這次是看電影，下次可能是趕飛機，再下次可能是買樣什麼東西又出了差錯。你整天一副做事沒頭腦的樣子，每次屁股後面都跟著一大堆的問題搞不定，你在女孩子面前拿什麼加分？

談戀愛也好，過日子也罷，人們都喜歡跟聰明人同一陣線的那種感覺。

同樣是從來都沒有接觸過的東西，別人可能擺弄了大半天也弄不明白，人家拿過來，看兩眼，一下子就全會了；同樣是出門辦事，別人可能一天辦了一件，人家就能好好的替你辦妥三件；同樣是開車去餐廳，別人火急火燎、焦頭爛額的塞在路上時，人家已經小繞了一下，選擇另一條路到達目的地，而且早就舒舒服服的吹上冷氣、點好菜了。

女孩在選男朋友的時候，有人看外貌，有人看家境，也有人看才華，但是有時候，做事能力甚至比外表更得人心。

那麼，**什麼樣的男生最惹女生討厭？**

第一：小氣。

明明再走三站就有地鐵了，何必一定要叫車呢？

出去吃個飯，七、八十元就滿好了，一、兩百元就沒必要了吧？

放假了逛逛公園不是挺好的嗎？動不動就想要出國，會不會太誇張？諸如此類的。

遇到這種男生，真的是隨時隨地被他氣到要原地爆炸。

第二：不正常的思考迴路。

良好又舒服的相處，需要兩個人之間的交流保持在同個頻率上，你一言我一語，根本不會找不到話題，而不是根本不懂彼此話裡的意思。

妳和他說妳出去旅遊的時候，最愛去的地方是當地博物館，他當妳是在說冷笑話；妳和他說妳最喜歡海子的詩，他當妳是在說冷笑話；妳和他聊聊自家的寵物，他還是當妳在說冷笑話。

也難怪妳不禁心想：搞笑嗎？哪裡搞笑？你才搞笑，你們全家都搞笑。

第三：太誇張。

有的男生第一次見面就敢問妳有沒有男朋友，聊過兩次天就敢說喜歡妳，且恨不得把他的所有興趣愛好、小時候得過幾次模範生，全都說給妳聽，還非要妳也說，簡直是一副一見鍾情、非卿不娶的架勢。

抱歉，你當談戀愛是看手相啊？也不管它三七二十一，上來就是一句：「哎呦喂，您命中缺我啊！」要多離譜就有多離譜。

第四：只管我，不慣我。

我們孤單的來到這個世界，都是希望能找個人對自己好，而不是找個人讓自己煩心。

有的男生，喜歡整天把「我是為妳好」這幾個字掛在嘴邊，女生實在是被管煩了、惹急了，終於吼了一句：「我好歹也是個大人了，早過了需要別人天天對我指點這、指點那的年紀，不只不想聽，也聽不進去。我不是小孩子了，真的不會做出什麼超過的事，讓你相信這點就這麼難嗎？」

在「管」和「慣」之間掌握好尺度和分寸，絕對是當好男友的必備技能。

15

男友力訓練筆記

其實，生活遠遠不只一種，
沒有誰真的離不開誰。

所以，別以為魚兒離不開你這片水，
真的離開，也可能會游到更寬廣的水域。

一個女人對於家的概念，
需要由特別強大的安全感和特別多的愛，
才能構築起來；

過程不易，所以，珍惜一點準沒錯。

女孩子談戀愛，

在乎的不只是你心情好的時候對她有多好，

更重要的是，要看你心情差的時候對她有多糟。

任何前任都不是平白無故出局的

小滿，我姑姑家的孩子，在和我同輩的親戚當中，她是我唯一的表妹。當初表妹出生時，姑姑和姑丈的年紀都不小了，再加上又有一點早產，表妹小的時候身體比較瘦弱，所以她父母一直很寵愛她。考大學的時候，表妹之所以選擇離家較近的學校，也是因為父母不放心她一人在外那麼遠。

後來，表妹在大學交了一個男朋友，可是男生的老家跟表妹家離得很遠，而且男生家裡的經濟條件其實一般，表妹家境相對好一些。後來，原本兩人都準備結婚了，表妹突然告訴我說他們分手了，不結了。

原來，表妹家和男生商量兩件事，希望房子最好還是買稍微大一點的，另外，男生應該買只好一點的鑽戒；但男方家覺得，戒指沒必要買帶鑽的啊，至於房子，雙方家長並不會過去同住，也就他們兩個人住，沒必要買太大，房貸負擔才不會那麼重……反正弄得挺不愉快的。

後來，男生和我表妹說：「鑽戒就那麼重要？房子大小就那麼重要？不然的話，妳真的要因為這些事跟我分開嗎？」

表妹回答他：「沒錯，分吧……。」

剛開始我還以為小滿只是倔脾氣上來了在賭氣，可後來我發現並不是，她是認真的。她跟我說：

「姐，妳知道嗎？並不是我一時衝動，我心裡明白得很，我完全不是因為我父母的原因才決定和他分手的，我只是忽然發覺，事實上他根本沒有我想像的那麼愛我。

「我承認我父母有點強勢，但真的談不上頑固不化、不講道理，這麼多年以來，他們心裡其實早就接受他了。他來我家吃飯，我爸要是看他好像累了或者睡著了，連在廚房剁肉餡都躡手躡腳的，沒有半點動靜，等餡剁好了，手上都硬生生磨出了好幾個水泡。

「有時候，不太明白情況的人和我媽說要介紹個對象給我，我媽馬上會跟對方說：『晚啦，我女兒早就有男朋友了，對方是斯斯文文、身高一百八的小帥哥，外貌、身材都沒什麼好挑剔的，而且對她又好呢。』

「可是，結婚啊，結婚這麼大的事，兩家家長之間出現分歧，他卻不去和他家裡人溝通，完全認可和堅持他家裡的意見，然後又不肯來和我爸媽溝通，始終沒有積極努力的想辦法去緩解兩邊的氣氛。要我說吧，他根本沒有考慮過我的處境和感受，就坐等著哪一天我家會讓步，只會眼睜睜看著事情惡化，就算局勢再僵、再尷尬也不為所動。

「我們在一起也三、四年了，我當然知道他家境稱不上好，和他在一起的第一天我就知道，所以我根本就沒打算在乎那些形式上的東西。婚戒可以沒有鑽石，婚紗照可以拍最便宜的，房子買得小一點也無所謂，連蜜月我都可以省略，這都沒什麼啊，以後都會好的。但是，他竟然在這種時候，不顧輕重的瞎較什麼勁啊！

「**我最介意的就是他的態度**，完全不肯去做任何正面努力，真的讓我特別寒心，我接受不了。」

你看，很多時候，兩個人分開的原因，並不像表面上看到的那樣。

男生以為是女生自己沒主見，一旦聽父母說點什麼就被洗腦、打退堂鼓；他以為女方父母還是嫌他窮酸，家裡條件一般，甚至說不定早就託人幫她物色了一個條件更好的男朋友。

可事實呢？

事實就是，**當初你拿一顆糖就能哄好的女孩，日後就算你扛十座金山來都未必換得回。**

事實就是，這個社會上真的有一些女生會為了麵包放棄愛情，但那也僅只是某些人而已，千萬別低估了另外一些女生的心意，別低估了人家準備和你同甘共苦的決心。

16

男友力訓練筆記

把抱怨的話先扔進草稿匣放一夜，

如果第二天早上冷靜下來後還是想發，
那就發吧。
不過基本上，你都是會刪掉的。

「妳暖我就熱，妳冷我就冰，比妳還冰」——

如果你敢抱著這樣的態度追女生、談戀愛，
結果很不樂觀。

女生的玻璃心、矯情、任性，
其實還是因為在乎；
若不在乎，她的心可能就是花崗岩、金剛石。

所以別嫌煩，
因為搞不好哪天你就沒這種特殊待遇了。

你來生若只想當一床被子，我又何必託付我的終生

最奇葩的分手理由，你聽過哪些？

比方說：她要養狗，我反對，我們還吵了一架。我說：「狗和我，妳只能二選一。」然後，她選了狗。

又比如：我往她的花盆裡彈了兩次菸灰，她受不了，跟我提分手。

再比如：我只是說了她一句：「妳胖了，少吃點吧。」然後，我們就沒有然後了……。

你要相信，基本上，任何人決定放棄誰的原因都絕不會那麼簡單，也並不是突然間爆發的。不信的話，你可以找來鏡子看看現在的你，是不是頹廢而且懶惰，還懶得心安理得？

你跟人合租房子，上班遲到早退，該你辦的事情能拖就拖，得過且過。你覺得現在交得起房租、打得起遊戲、叫得起外送，這樣的日子也就差不多了。

你懶得改變現狀，懶得去想那麼遠的未來，反而更願意去想每天要怎麼再多睡一會兒，早上如果在鬧鐘響之前就醒了，你也能覺得自己這一覺睡得不爭氣，沒發揮好。

人家作家邱瓊說了，如果有來生，要做一棵樹——一半在土裡安詳，一半在風中飛揚；一半灑落陰涼，一半沐浴陽光。[14]可你的格言就是：如果有來生，要做一床被子，不是在床上，就是在晒太陽。

當然，我相信你是一個好人，不劈腿、不約炮，情人節、紀念日、生日到了也會記得給女朋友買花送蛋糕；你脾氣好，還很善良，大冷天看見有個老婆婆為了剩下的一點東西還捨不得收攤，你也會多買幾個。

客觀一點來說，你的確對自己的女朋友還不錯，可是，姑且不論你能不能一直對人家這麼好下去，你就摸著自己的良心講，一個女孩如果單憑著「他對我還不錯」或「人很老實」就嫁給你，她究竟要冒多大的險？又憑什麼？

在愛情這件事上，女孩往往比男孩更具有冒險精神。你要知道，老實人真有一天傷起人來，往往是最狠的，讓人猝不及防，而且這樣反轉也最為致命。換句話說，她當初要是只圖了「他對我還不錯」或者「人很老實」這個優點，一旦有一天這個基礎鬆動了、塌了、瓦解了，一切都開始不對勁了，她也就傻眼了、被傷透了、崩潰了。

14 網路上對此段文字的出處眾說紛紜，有三毛《說給自己聽》、海子《想做一棵樹》、姜岩《北飛的候鳥》、邱瓊《這一世，木已成舟》，其中說是三毛者尤多，但經編者搜尋，前三者作品中並未出現類似文字，而邱瓊《這一世，木已成舟》第二十一章確實出現這段文字。另，於二〇〇七年過世的姜岩則是將這段文字作為墓誌銘。

所以，女孩如果對一個男孩死心塌地，最根本的前提，一定是她真的相信兩人是有未來的，她嫁的是自己在這個男人身上看到的才華、能力、上進心，還有希望。

現在有一些很出色的女孩，她可以薪水比男孩多、可以賺錢養家、可以拿冠軍，不會因為外人眼中所謂的「女強男弱」就想要分手。女孩之所以會離開一個人，未必是不愛了，更不是嫌貧愛富了，而是她**真的失望了，找不到再繼續堅持下去的理由。**

其實，很多男生在另一半提分手的時候都挺不解的：她為什麼一定要和我鬧分手，難道就因為我忘了送她一盒巧克力？就因為我不喜歡狗？這種事有這麼嚴重嗎？

你把原因都推給那盒巧克力，可人家巧克力說了：「呵呵，這個黑鍋我不背。」如果你還不明白，硬要按照原本的想法，認為對方小題大作，這叫什麼？這叫「活該你單身」。

實際上，沒有哪個女生只是因為一盒巧克力、一束花、一隻小狗、一場電影、一支口紅，就下定決心要和男友分手的，任何結果都是由很多問題逐漸累積而來。

所以我想，你大概是忘了在這之前，你有多少次只顧著在網咖打遊戲，連她胃痛到哭出來，你也只是要她喝點熱水；你們在一起這麼久，你卻始終不知道她根本就不愛吃雞肉，任何烹調方式的都不行。

她家裡漏水或者突然斷電，又聯繫不到房東，文文弱弱的一個小女生只好壯著膽子開門，讓陌生的水電師傅進來修理。而你呢？前後打了一整天電話都找不到人，到最後也沒給出一個像樣的理由；又有多少次你和哥兒們在外面喝酒，而她就自己一個人，吃力的把又大又重的行李箱從車站搬回家？

話又說回來，你認為女孩心眼小，又太在乎形式上的東西，整天在那邊計較花啊、糖啊、禮物啊之類的小事。可你瞧，既然連你自己都說了，這些都是小事，那你當時為什麼就不能表現得好一點？何必讓自己的女朋友總是羨慕別人的女朋友？

所以，到底是她無理取鬧、公主病，還是你不懂察覺？

電影《大話西遊》裡，至尊寶在戴上金剛圈前說：

「曾經有一份真誠的愛情擺在我的面前，但是**我沒有珍惜，等到了失去的時候才後悔莫及**，塵世間最痛苦的事莫過於此。如果上天可以給我一個機會再來一次的話，我會跟那個女孩子說『我愛妳』。如果非要把這份愛加上一個期限，我希望是一萬年！」

這話聽著當然深情、感動，但仔細一琢磨，咦？好像不是那麼回事啊！很多男生都是這樣，在一起的時候不知道珍惜，等分手了才發現不對，怎麼想都覺得人家好。

等你後悔了，再對別人說：「如果再給我一次機會，我一定把她留在我身邊，你信嗎？」我信啊，可是有用嗎？你之前做了什麼？你們談戀愛都談了一、兩年，你當時怎麼就不對人家好一點？

有些分手，並非其中一方已經變心或者故意叛離造成的，而是在彼此相處的時候，**那些從來沒有被你重視過的小細節，把她肯付諸在你身上的耐心和對未來的希望，統統消耗光了。**等你想要回頭之際，很遺憾，你已經錯失了最好的補救機會。

17

男友力訓練筆記

女生的口是心非經常應驗的兩點是：

1. 她說不想吃飯不是真的不想吃飯；
2. 她說不想出門也不是真的不想出門。

人人都有自己的生活方式，

所以，如果你老愛指手畫腳，
不討喜是一定的。

喜歡誰、不喜歡誰，
最好別來什麼灰色地帶、紅顏知己，

說不定，那都是你給自己挖的坑。

女為悅己者容，男為悅己者窮

有些事，真的逼得你只能用三個字來形容：活久見[15]。

西西的老公有一個大學同學，平時在群組裡不怎麼發言，可有一天，他忽

15 網路流行用語，一般是指「活的時間久，什麼事都可能見到」。現多用於形容面對奇聞異事，當事人表現出的驚訝；也指見的怪事多了，已經覺得索然無味。

然冒出來，沒頭沒腦的來了一句：「有沒有哪位同學，認識懂鑽石的人啊？」

「鑽石？兄弟，你是打算買鑽戒求婚嗎？」一見有人回應，他就再也忍不住了：「你們說，鑽石有用嗎？」、「買東西是要好看的還是要有用的？」、「沒鑽戒就說明我不愛她嗎？」、「老是和別人比較，有意思嗎？」聽著聽著，大家終於明白了，原來他是因為鑽戒的事在和女朋友嘔氣呢。

剛開始大家還出來勸幾句：「女生嘛，哪有不喜歡鑽戒的，戴著bling bling的，好看呀！」、「一輩子大概也就買這一個。」、「其實可以挑個大小差不多的，鑽戒這東西，也不是只有幾十萬、上百萬的。」

可那男生完全聽不進去，後來有人乾脆說：「如果不想買，不然你就和她直說吧。」但他依然在碎碎念：「不是我不想買，我只是想不通。說白了，就那麼一顆小不拉嘰的石頭，有意義嗎？有那麼重要嗎？貴得要死先不說，買了又能戴幾次？真的弄丟了心不心疼？」

如果那個男生是薪水不高的辦公室普通小職員就算了，重點是他並沒有窮到連煮泡麵都加不起火腿腸，相反的，他家裡是開裝修公司的，即使條件和富二代可能沒辦法比，但絕對稱得上還不錯。

後來，大約半個小時過去，群組裡一個從沒說過話的男生大概看不下去，突然間冒出來教訓了一句：「她喜歡你就買給她就是了，哪來那麼多廢話！」

哇！群組裡的空氣好像立刻凝結，引用西西老公的原話——我隔著螢幕都能看到他無比光輝而又高大的形象！

這世界上有一種男生，既希望自己的女朋友美得賞心悅目，花起錢來卻又格外心疼，然後覺得自己的女朋友太愛和別的女孩子比較。

可問題是，這難道不可笑嗎？比較、拜金這些黑鍋，不是你想砸就能隨便往女生頭上砸的。誰能做到完全不和任何人比較，你自己能嗎？現在哪裡沒有奢侈品的廣告？誰不知道迪奧（Dior）、LV、愛馬仕（Hermès）？女生喜歡好東西不是很正常嗎？

有人可能會抱怨，我既不是什麼富二代，而且這一輩子八成也當不了土豪，永遠無法一時興起就能帶女生這星期飛去峇里島度假、下個月去巴黎每間名店掃新貨，那我怎麼追女生？

首先，我覺得你大概誤會了，不是有錢人要追女孩子更容易，而是有錢人要追那些視愛情勝過於金錢的女孩子，同樣很難。

小川，我同事的青梅竹馬，有錢人，超有錢的那種。

有人介紹了一個女孩給他，一九九二年生的，是戲劇學院畢業的演員，外貌、個性都好，又潔身自好，反正就是性格、品行、脾氣各方面真的都很優秀，而且還是學舞蹈出身——這樣的女孩都挺吃苦耐勞的。

她拍戲雖不算多，廣告也不多，但年收入應該也滿可觀了，基本上，上萬元的大衣她可以連試穿都不用，直接報個尺寸，然後刷卡、拿貨、走人。

結果小川聽人說到這些情況就心疼了，道：「唉，這女孩賺得不多，自己一個人在外面闖蕩，生活應該挺苦的。」噗——這話聽得我一口老血差點噴出來！有人喝杯星巴克都覺得自己錢包被搶了，她上萬塊錢的大衣說買就買，那還叫苦啊？

可小川真的不是假惺惺，以他的消費水準，他知道迪奧隨便一件襯衫都要新臺幣兩、三萬元，他也知道香奈兒的新款包包要價六位數。正常來說，女孩要買衣服、鞋子和包包，要買香水和化妝品，要和朋友吃兩頓好料的，另外還要去旅行，所以他覺得女孩子平均月入幾萬真的賺得並不多，也享受不到什麼，真的挺苦的。

這兩人最後也沒結果，吃過兩頓飯就再也沒有下文了。後來，小川自己認識了一個女孩，是在飛機上對人家一見鍾情的，然後就是一頓猛追，各種砸錢，還拉去百貨公司看什麼貴就送什麼。

可是還不到一個月，女孩就說要分手，而且態度堅決，任憑小川怎麼挽留都沒用。

女孩屬於很清秀、有藝術氣質的那種類型，是一名專業的大提琴手，每週通常還會去教幾節瑜伽課，而且有繪畫底子，網球、滑雪之類的一些運動項目也玩得不錯……她身上就像是藏著一個百寶箱，不定時給你露上一小手。

至於那些動不動就要價五、六位數的奢侈品，她也會買，但大多時候是作為自我獎勵。儘管她的收入比一般的小白領高出很多，可偶爾還是得過幾天「吃土」的日子。

決定分手的時候，女孩說：「我當初是真的覺得我們可以試著相處下去，可是後來，我也真的覺得我們在很多方面其實並不合適，所以，你越送我東西反而讓我壓力越大，你付出越多我就越不踏實。」

說到這裡，女孩遞給他一個箱子，只見他送過的鞋子、項鍊、包包、香水……一件不少，整整齊齊、乾乾淨淨的裝在裡面。「有些還沒拆封，但有些我確實已經用過、穿過了……全買新的我可能賠不起，只能都還給你，可以嗎？對不起啊。」

「這些東西妳還是拿回去吧，妳看，我當初是高高興興買給妳的，所以妳現在就坦坦蕩蕩收著吧，不用還，更不用賠，這些都是妳們女孩子的東西，我留著也用不到啊。」

小川好說歹說，才讓女孩勉為其難，挑了一條手鏈留下。但是她自從分開以後就再也沒戴過，真的純粹當個紀念而已。

女孩有一個基本的邏輯就是：肯為我花錢的男人不一定愛我，但是不肯為我花錢的男人，一定不愛我。正所謂「女為悅己者容，男為悅己者窮」。

當然，這話要看怎麼說了。我從來不覺得女孩花男孩的錢是天經地義，反倒對於某件事一直都很反感——為什麼霸道總裁型的設定，會那麼受偶像劇的青睞？只見男主角把信用卡往女孩子手裡一塞，再說句泰國招呼語「刷我滴卡」——哇塞！看劇的女孩子們瞬間就不淡定了，覺得這男人怎麼這麼會當人家男朋友，簡直帥到炸！恨不得自己才是那個女主角。

女孩，請妳記住，**妳自己的能力，比男人的許諾、更比男人口袋裡的錢，還要可靠多了。**

廈門大學一位博士班指導教授在學生的畢業典禮上，送給所有女同學們這樣一句贈言：「一定要**在人生的記憶體，給自己、給至愛的人，留一個百分之一的空間**，不隨波逐流，哪怕是一個愛稱。所以，不要隨便叫一個陌生男人『老公』，不管他多麼有名，多麼有錢。」這個教授名叫鄒振東。

經濟不能自立，人格尊嚴就沒自信，愛情和自由都得受委屈。

但是話說回來，鑽戒人家自己買、車自己買、包自己買，所有的東西她都自己買了，甚至從沒想過要依靠你，那還要你這個男朋友幹什麼呢？

所以我相信一句話——對於一個女生來說，如果她不黏你、不吃醋、不任性，更不花你一分錢，當然，她也不愛你。

18

男友力訓練筆記

要送她禮物，
她說太貴了，
就說明她喜歡。

所以，送。

實在想發火了，

不妨想想：
這是將來我孩子的媽，我得對人家好一點。

在喜歡的人面前，

你偶爾要試著變成傻子、聾子，還有啞巴。

初戀，就是用來分手的吧！

嫁給初戀，那是怎樣一種感覺？

如果你現在翻一翻班級通訊錄、手機聯絡人、好友列表，你能否告訴我，在你所認識的人當中，究竟有幾個人，真的和自己的初戀對象結婚了？

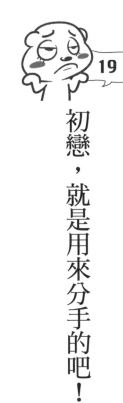

其實在這幾年中，左一部右一部青春片看下來，我覺得最觸動內心的，還是翻拍九把刀作品的《那些年，我們一起追的女孩》。

我其實很想知道，當看到那句「新婚快樂，我的青春」的時候，有多少人的腦海裡，會浮現出某一個人的影子？女主角沈佳宜與男主角柯景騰，他們身上帶著的那股倔強和衝動、那股沒頭腦和孩子氣，甚至於初戀時那種沒來由的彆扭和矯情，是不是像極了當年還愛著對方的你們？

但是沒辦法。可能，初戀就是用來分手的吧。

何奔也是小舟的初戀，眼看就要交往四週年了，何奔卻想分手。他的理由是：沒感覺了，他不確定這是不是他真正想要的生活，沒信心再繼續走下去。

小舟沒有多說什麼。她表明的態度是：首先，我希望你知道，我愛你，很愛很愛，直到今天為止，我完全沒有動過要和你分開的念頭。但是，我大概一輩子也成不了那種會強拉著人家袖口，哭天抹淚求你別走的小女生。我會尊重你的選擇，只不過，**你要想清楚，如果分開了，就永遠別想有和好的那一天**，你不必回頭再來找我。

怎麼定義「想清楚了」？

就是以後不管遇到什麼事，哪怕你覺得自己當初一定是瘋了、著魔了、鬼迷心竅了，哪怕你後悔到極點，你也只能找個四下無人的地方，狠狠搧自己幾巴掌，大哭一頓，然後擦擦眼淚，當作什麼事也沒發生過。

分手之後，小舟始終是一個人，沒再談過戀愛。看著她形單影隻的身影，大家隱約覺得，她大概還是在等著何奔回頭吧。

一年之後，何奔真的來找小舟求復合。

那時候，小舟正在讀研究所，而何奔各方面的狀態都很不錯，已經被一家挺不錯的公司挖去當專案經理，年薪破百萬。他回來找到小舟，一開口就直奔主題：「明年等妳一畢業，我們就結婚吧，我養妳。或者我們馬上就結？小舟，我是真的、真的後悔了⋯⋯。」

在得知這件事後，有人就勸小舟：「他現在回來，應該是真的想清楚了，想安定下來好好過日子，浪子回頭金不換嘛。再怎麼說，你們好歹曾經在一起四年，總比重新認識一個新對象還要好吧，不妨就再給何奔一次機會好了。」

結果，大大出人意料——小舟一口回絕何奔，乾脆又俐落。

她說，生活不是演電影，也不是拍電視劇，男女主角不管是誤會、阻撓、分手甚至是離婚，中間再怎麼折騰都無所謂，到最後還是會在一起。可是，「浪子回頭」、「破鏡重圓」這些詞，發生在別人身上也許是皆大歡喜、非常正常，但在她面前真的不可能。

不是誰心狠，也不是誰矯情，而是這個世界原本就這樣，很多的人和事，你一旦錯過就是錯過了，**不是所有人都會在你出去轉了一圈之後，依然在原地眼巴巴的等著你**——你明知我那麼愛你，我不是沒給過你機會，但是很遺憾，你沒懂，更沒珍惜。

我對你的那些不捨，都在你轉身之後硬生生嚥下了；我對你的所有喜歡，也已經和著夜深人靜時的眼淚流完了。

公平一點說，何奔並不是那麼不可原諒；事實上，他甚至不算犯錯，更談不上什麼浪子回頭、回頭是岸。但問題的關鍵就是，他成了小舟心裡的逃兵。

愛情的作用力向來都是雙向的，我始終相信，愛情是每個人最柔弱、最敏感的一塊軟肋，而**一場不圓滿的愛情就像一瓶酒，喝完之後，誰能不發些酒瘋？只不過，有些人的醉態，剛好被你撞見而已。**

不單單是愛情這件事，慢慢的經歷得多了，有一天你會忽而發覺，人越長大，就越來越能夠接受「人生多離別」這件事，甚至開始善於送走形形色色的人和物，友誼的小船翻了就翻了，失去的東西沒了也就算了。

其實，這未必是你自己變得冷漠，只是在經歷過很多次道別、割捨、抉擇、遺失之後，現在的你，對「看慣背影」比「強烈挽留」更來得上手而已。

19

男友力訓練筆記

別以為誰遇見誰很容易；

其實，世界很小，城市很大，
當初離開過的人，也許終生都不會再見到。

既然愛了，就愛得用心一點。

多給彼此一點時間，
給對方時間，就是給自己時間。

愛情不是賣身契，

喜歡不等於永遠喜歡，也不等於只喜歡。

所以，試著接受任何結果，敢愛，敢分。

愛情裡的口是心非，都是有邏輯的

過個生日，有些女生真的能讓自己的男朋友，困惑到生無可戀……。

阿眉是個愛沒事找事又常常糊里糊塗的女孩子，在她生日前一週，她男朋友跟她說：「我看下星期一就是妳生日了，要不我這週末回北京，陪妳提前過生日。」她男朋友季小東是做室內設計的，當時正在杭州出差跟進一個案子，預計還要半個多月才完成。

她一聽，心裡特別高興，但嘴上可不是這麼說的：「你別來了，這幾天你也挺累的，就別來來回回折騰了，好好休息一下。不就是個生日嘛，年年都有，不然等你這個案子完全結束，你再回來補個大禮給我好了。」

季小東說：「妳真的不希望我過去嗎？」

阿眉說：「真的真的，你不用過來了，太累了。」

季小東說：「那好吧……。」

其實，阿眉明明就希望他來，她心裡想的是「你來陪我吧，我好想你」，一齣內心戲早已演到了兩人見面之後吃大餐、拆禮物、吹蠟燭，甚至最後她送他去機場，兩人依依惜別的畫面了。

偏偏阿眉嘴上叫他不用來，與此同時還在幻想著：他才不會聽我的呢，搞不好是故意先讓我沒什麼期待，然後等我生日那天再突然出現在我眼前，給我一個特大號的驚喜——嗯！電影、電視劇裡都是這麼演的，這麼多年下來，他總不至於都白看了吧？

終於，阿眉的生日到了。

她剛醒來，就收到了季小東的祝福簡訊，接著等她到公司沒多久，又收到了他事先訂好的鮮花禮盒，非常好看。阿眉是不是應該感到既高興又滿意？可實際上並沒有，因為她幻想著他昨天就該出現在北京，特別來替她慶祝生日，製造驚喜。

稍晚，季小東打電話給阿眉：「親愛的，收到花了嗎？喜歡嗎？」

阿眉的心情很差，「送人紅玫瑰，你的品味好像有點俗氣啊！我其實不太喜歡玫瑰的味道，整個辦公室都是香味，以後你別再送了。」

季小東依然沒生氣：「俗嗎？那好，下次我換別的。還有，我訂了蛋糕，妳約一約妳的閨密，晚上妳們出去吃一頓好料的，我買單。」

阿眉說：「好了好了，沒別的事我就不跟你聊了。我先繼續工作，你也去忙吧。」

就這樣，阿眉鬱悶的掛斷電話，儘管周圍的同事們都一臉羨慕，她卻一點也不開心，在那一整天裡，她開啟了無限煩心模式，滿腦子想的都是：

這是我們在一起之後我的第一個生日，你怎麼能這麼不重視？

誰誰誰的男朋友遠在國外都能飛回來親自幫她過生日，你人在杭州怎麼就不行？

談戀愛的時候你都不積極陪我過生日，等以後我真的嫁給你了，大概就更不會幫我慶祝了。

——看見了嗎？女生的有些話，你反著聽就對了。

其實，在愛情這個範疇裡，你**無法單純的從其中一方的做法，去判斷他是對是錯**。如果季小東遇見的不是這種嘴硬、彆扭又有點倔脾氣的女生，而是一個不愛計較、心胸寬大的女生，確實覺得晚幾天過生日也無所謂，那麼，季小東這麼做，倒也沒什麼不妥。

又或者，阿眉如果是一個溫柔可人、愛撒嬌的女孩子，直接告訴季小東她想他了，想讓他陪自己過生日，那季小東應該就會安排開時間、買好票回來了，這件事情的結果也會是另外一種樣子。

其實，在口是心非這一點上，不只是女人，**人人都一樣，有些話騙別人，有些話騙自己。**

就像有人說「不是你的問題」的時候，基本上，你肯定有點問題；有人說「這和你無關」的時候，基本上，就和你有關係；有人說「我已經放下了」的時候，基本上，他應該還在耿耿於懷。

愛情裡的很多雷區都是可以避免的，女人心也並不是什麼海底針，畢竟，這世界上沒有無緣無故的愛，也沒有無緣無故的沒事找事。因為愛情裡的口是心非，都是有邏輯的。

20

男友力訓練筆記

其實，最後陪在女生身邊的這個人，
或許不是那麼多追求者中最帥、最有錢的，
而是和她最聊得來的人。

男生可以愛玩、貪玩一點，這沒什麼，
但要把握好一個分寸——

讓人家老覺得你不務正業，
像幼兒園大班的小朋友，
那可就不好了。

一定要好好策劃，
給她一個特別難忘的情人節或者紀念日，
哪怕只有一次就好。

因為日後回憶起來，即使她不介意更不埋怨，
但你自己很可能會後悔。

最大的安全感是「我不缺」

芝芝最近看上一款風衣，還發了動態表示：「哎呀呀，真是喜歡！」怎麼樣，你是不是以為，她這擺明了就是要發給她男朋友看的？

芝芝的確有男朋友，大家平時都叫他傑克。他們兩個是那種兩小無猜、青梅竹馬型的，打從小學就認識，一直到大學才不同學校，一個前往北京，一個去了天津，可兩人分開以後反而談起了戀愛。

而且，芝芝這個男朋友可是出了名的疼她，老覺得芝芝缺這個少那個的，看到自己哥兒們買了什麼新東西給女友，就計畫著也要買給芝芝；為了幫芝芝拍張照片，他能躺在地上選角度；芝芝早上和他念叨著想吃小龍蝦、麻辣鍋，基本上，不到一週他就能帶她解饞去。

傑克的家庭出身算是中產，人很勤奮，畢業後自己考進了一家世界五百強公司，待遇還不錯。

他和芝芝說：「我家寶貝這麼美、這麼好，妳想買什麼我都樂意買，現在買不起的，我盡力早點買給妳；這輩子買不到，下輩子我還要當妳老公，繼續幫妳買！妳高興才是最重要的。」

芝芝其實不是一個願意和他人比較的人，買東西一向以自己確實有感覺的款式為主，偶爾買名牌的話，基本上都是一些不容易過時又好搭配的經典款。

她更不算什麼購物狂，就算跟傑克鬧彆扭了，也不會出去大肆刷卡來洩憤，頂多就是拽著閨密吃一頓辣到不行的火鍋，跟閨密臭罵他一頓，罵爽了之後再叫傑克過來買單。

話說回來，那天芝芝發了那則動態不久，電話就響了，不過不是傑克，而是她公司新來的一個男同事，問她在哪兒，一直說要去找她，帶她去買那件風衣送給她。

芝芝的動態牆上經常有她和傑克的合照、日常對話之類的，兩人感情十分穩定，不定期的出來狂虐單身狗，這個男同事應該都知道，而且他其實也有女朋友，芝芝於是乾淨俐落的回了他一句：「不用了，我老公幫我買了。」

掛了電話後，她不禁在心裡暗罵：「這不是神經病嗎？仗著手裡有閒錢，見誰都想撩，還真以為自己無所不能啊！呿。」

過了幾天，朋友問芝芝：「風衣呢風衣呢？妳打算什麼時候穿出來秀給我們看啊！」

她說：「哎呀，我最後沒買。我想到家裡已經有三件風衣了，這顏色的也有，就打消念頭了。畢竟喜歡歸喜歡，但一看到好看的就買哪行啊！過過嘴癮就好啦！」

瞧，那件衣服有沒有買重要嗎？太不重要了，重要的是，芝芝的心裡真的不缺。

這不缺的第一層意思當然是我有錢，我想買這款錶、想買經典紅底鞋的時候，我真的買得起。俗話說，貧賤夫妻百事哀，天天穿地攤貨、吃頓路邊攤的餛飩，就算生活改善了，但面對早就運作不良的舊冷氣時也捨不得換……太窮的日子過得確實糟心。

而不缺的第二層意思，對於普通女孩來說可能更加重要，那就是篤定另一半絕對肯買給我，而不是上淘寶買了一件一、兩百元的T恤也被他罵——妳怎麼這麼不會過日子呢？

如果女人沒有足夠的信心，如果她另一半沒有「妳想要的我都想買給妳，我恨不得把天上的星星都摘下來給妳，不用管有多難」的態度，搞不好別人拿一件大衣、一支錶、一雙鞋子，就能把她給撩走。

很多時候，精神上的滋養比物質上的更重要，否則，鵝肝、松露和魚子醬也能吃出心寒的味道，豪宅住著也猶如劣質帳篷，四面透風。

那些老覺得自己女朋友平時太敗家的男生，你如果肯好好回憶一下，不如想想你身邊這個女孩是真的拜金嗎？別亂貼標籤，別亂扣帽子。其實，她不是非名牌不買、非高級餐廳不去，也沒說過想去峇里島、香港，她身上穿的是兩、三百元的牛仔褲，即使是一份沒幾元的雞蛋灌餅[16]、一大盒最便宜的霜淇淋，她照樣吃得開心了一晚上。

一個普普通通的上班族，她奢望的頂多是買雙打折的UGG雪靴、買個邁可・寇斯（Michael Kors）[17]的經典款包包、買瓶迪奧的香水、買個稍好一點的單眼相機，她絕對不會動不動就撒嬌發嗲的去找老公要愛馬仕、香奈兒。

16 豫菜十大麵點之一，也是一種常見於中國華北地區的街頭小吃，顧名思義就是把雞蛋灌到餅中烙熟，大都作為早點或快餐食用。

17 邁可・寇斯是一位美國時裝設計師，Michael Kors是他創立的時裝、配件及香水的同名品牌。

她的旅行願望可能就是雲南麗江、西藏、海南島三亞，了不起想著去越新馬泰、臺日韓，還得事先做好各種既合理又省錢的攻略。她不會嘛著小嘴要求你年年帶她去歐洲古堡拍照、去夏威夷看日出、去伊斯坦堡坐熱氣球、去倫敦廣場餵鴿子。

她只是一個普普通通、認真生活的女生，她不會真的讓你為了她去承包魚塘[18]、承包整個宇宙，她**只需要知道，她想要的東西你願意給**，而你也願意去為此努力。

你想想看，如果一個男生月入十幾萬，但他連送女朋友一管睫毛膏都嫌太貴，吃頓麥當勞都要求ＡＡ制，女朋友不舒服了送她去醫院都不叫車只坐公車……這樣的男朋友，不分手難道還留著過情人節嗎？

當然，話說回來，如果男生目前的月薪不到三萬，可女朋友非要他送十幾二十萬的愛馬仕鉑金包；如果男朋友明明是處在創業最艱苦、最困難的階段，他跟好幾個合夥人活得簡直就跟苦行僧一樣，整天壓力山大的想著怎麼把每一筆錢都花在刀口上，但女生呢？還整天念叨著誰誰誰跟老公去峇里島玩了，誰誰誰又幫女朋友買了一堆海洋拉娜（La Mer）保養品，誰誰誰又買最新款的包包了……這樣的女朋友，不分手難道還留著過年嗎？

18 網路用語，來自中國電視劇《杉杉來了》中，張漢所飾演的總裁的一句臺詞，原句為：「我要讓所有的人知道，這個魚塘，被妳承包了。」

21

男友力訓練筆記

別以為除了「I love you」，
女孩子最願意聽到的外語就是句「泰語」：

刷我滴卡。

畢竟，
「行走的提款機」並不是每個女孩的理想型。

永遠別以為自己很懂女生的心思，
因為連女生自己都不是太懂自己。

別指望女生都能相信什麼「浪子回頭金不換」，

有的人你一旦真的讓她傷心了、心碎了，
用多少瓶三秒膠黏合都沒用。

這絕對不是在開玩笑。

喜歡一旦說出口，就從選擇題變成證明題

有一種男生，外貌年輕帥氣，挺討人喜歡，但就是愛裝糊塗，面對女孩發出的示好信號，不拒絕、不回應、不表態，弄得所有人都難以定義兩人的關係。

小米的前男友——裝糊塗先生——就屬於這種。

其實，小米就只有過裝糊塗先生這一個前男友，當初小米也不知道是怎麼想的，再更早有個理工男踏踏實實追了她快大半年，她就是不同意，但是裝糊塗先生一出現，她一下子就陷進去了。

怎麼說呢？感覺就像無肉不歡的人突然宣布：從今天起，姐吃素半年。

裝糊塗先生的確長得挺帥的，每次去見他，小米都打扮得漂漂亮亮的。為了他，閨密週末要約她出來吃飯、美甲、買換季的衣服，她統統拒絕了。她說她男友這兩天要跟她看電影，但他工作忙，時間還不確定，所以她要隨時待命！

結果，小米放了閨密鴿子，她男友也放了她鴿子——就是這樣，閨密的鴿子她可以說放就放，但男友永遠不會為她調整時間，還對她不冷不熱。出去吃飯她老是搶著結帳，生怕晚一步付錢，裝糊塗先生會以為她很摳門、愛占便宜。

有一次，裝糊塗先生弄丟了錢包，心情不太好。小米看了看自己金融卡裡的餘額，終於還是給爸媽打了個電話，說自己快要凍死了，想買件新大衣，如此向家裡要來八千元，然後自己又補了一千多，買了一個新錢包，樂顛顛的送去給裝糊塗先生。

可是裝糊塗先生似乎沒那麼開心，他說這禮物應該挺貴的，他不能收。小米也有點生氣了，說：「買都買了，你自己看著辦吧。」說完就走了。

回來以後，小米立刻打開電腦，用卡裡剩下的錢網購了一箱泡麵外加一箱餅乾，準備撐到月底發薪水。等那箱泡麵都快見底了，她依然沒想到該怎麼解釋過年回家沒有穿新大衣這件事。

可是，送完錢包之後不到兩天，小米就親眼看見裝糊塗先生陪一個女生逛街，而且是在內衣賣場遇到的，狀態自然，舉止親密。這下子，小米總算澈底清醒了，她不過就是人家的備胎而已，甚至可能連備胎都算不上。

年紀輕輕的時候，我們都曾做過一些傻事……不，是蠢事，而且簡直絕頂愚蠢、腦殘至極。但如果仔細一想，小米只是一個二十二歲的女生，二十二歲啊，怎麼可能不感情至上？

妳大概也曾經像她一樣，深深以為自己遇到真愛，所作所為皆感人，是付出；可是後來妳知道了，妳不過就是太倒楣，遇見一個渣男而已。

後來，小米有很長一段時間的狀態都挺頹廢的，大家找她出來吃飯、唱歌，還說想介紹一個男生給她認識，小米都說：「我暫時不想談戀愛了，我只想好好賺錢，好好養我爸媽。」

在愛情裡，妳可能遇上渣男、可能看走眼、可能後悔，但賺錢不同，想努力工作到什麼時候，都不會錯。況且賺錢這件事，總比改人心性容易得多。

人有時候很容易被一些美好的話語所蠱惑，當初妳聽他說你們以後會永永遠遠在一起，會有一間溫馨的房子，有自己的車，會養一隻妳喜歡的黃金獵犬或者薩摩耶犬當寵物，妳就立刻被感動得要命，恨不得馬上結婚過日子，一頭扎到柴米油鹽、雞毛蒜皮裡頭。

可是後來妳知道了，原來，相愛的時候，那個人說過的每句話都像是自帶光環；而不愛的時候，他說過的每個字都讓自己想笑、想恨、想冷冷一笑。因為妳終於明白，這個世界上的人渣不少，至於如何拯救他這個人渣，妳還是交給上帝比較好。

喜歡誰這件事，基本是這樣：

有的喜歡，是妳恨不得成天把他掛在嘴上招搖過市，恨不得讓全世界知道。

有的喜歡，是妳只肯跟至親密友分享。

還有的喜歡，是妳對誰也捨不得說，每天憋著一點兒小高興，就像隻歡喜灑脫的小花栗鼠一樣，攢著鼓鼓滿腮幫子的堅果仁。

其實，「我喜歡你」這四個字，一旦說出口，它就**從一道選擇題變成了一道證明題，每個人都會有自己的解法**。有人用海誓山盟、甜言蜜語證明，有人用名包、名錶、鑽戒證明，也有人用頂風冒雪送來的胃藥證明。

於是，在愛情的門裡門外，有的人運氣好，贏得盆滿缽滿，小日子山明水秀、其樂無窮，令人垂涎；但也有人運氣差，輸得分文不剩，悻悻然鎩羽而歸。最後，很多人心裡都在質疑，這麼多年來，我付出過、受傷過、失敗過，**我還應該相信愛情嗎？我還等得到愛情嗎？**

但如果你真的問我，我想，我的答案只會是「寧缺勿濫」。沒錯，這四個字似乎很老舊，甚至非常、非常老土，但這真的就是我想說的話。

22

男友力訓練筆記

女生如果真想知道點什麼，
個個都是當柯南的料，觀察力技能滿點。

所以，別高估了自己圓謊的本事，
以及差勁的演技，
你累，她也累。

記住，世界上根本就沒有不吃醋的女生，

所以，注意保持好和其他女生的距離，
不管她再怎麼強調她不介意——別相信。

優雅的刺蝟和需要人保護的小白兔，
聰明的女人大都想當前者。

所以，被扎幾下很正常。

你對了又能怎樣？生活不是審案子

談戀愛的時候，最讓女生討厭的一句話是什麼？

「妳有完沒完？」

「妳又怎麼了？」

「信不信隨便妳。」

「哦。」

這些可能都不算什麼，最讓人討厭的一句話就是：「妳要是真的這麼想，那我也沒辦法。」如果再配上一副生無可戀的表情，嗯，我看八成再小的事情，也可能沒完沒了。

記得有一天，晚上加完班出來上了地鐵，坐在我旁邊的是一對情侶，雖還談不上吵架，但是聽得出來，兩個人都在盡量控制自己的情緒和音量。

男：「真的沒有，完全沒有的事，妳鬧了三、四天還不夠啊？」

女：「我不管，誰叫你還沒對前女友死心！」

男：「我說親愛的啊，我真的沒有啊！」

女：「你就狡辯吧，你們男人哪個不是這樣？」

男：「好好好，妳就繼續活在自己的幻想裡吧，妳要是一定要這麼想，那我也沒辦法。」

女：「看吧看吧，心虛了吧！我跟你說，這件事還沒結束。」

男：「……。」

就在那一瞬間，我忽然覺得有點恍惚。

原來，在這座城市中大家都忙，有人忙著自拍、修圖、發動態，有人忙著忘掉前任，有人忙著搶兩張蘇打綠（二〇二〇年七月三日改名魚丁糸）的演唱會門票，有人忙著面試、加班、出差、考試，但其實**更多的人都在忙著解釋**——

忙著跟女朋友解釋自己為什麼紀念日忘了送花；忙著跟主管解釋為什麼這次的報表出現疏漏；忙著跟朋友解釋為什麼會遲到；忙著跟老婆解釋為什麼他會留他兄弟的女朋友的閨密的電話；忙著跟父母解釋為什麼這次過節可能不回家了……諸如此類。

無論男女，在年輕的時候最容易做的事，一是愛解釋，二是很愛解釋，三是太愛解釋。

可是說到底，除了生老病死，人生還能有什麼大事？所以，你解釋、你作對到底、你愛計較，這未必不對，卻未必事事非要如此。

成年人和小孩子最大的不同，就是成年人更懂得取捨，也更懂得分寸，不會動不動因為芝麻綠豆大的小事，急著和別人爭論、冷戰、撇清，或者非要分出對錯、求一個解釋，已經明白什麼時候該選擇沉默，什麼時候應該解釋、怎樣解釋，也已經明白如何證明自己，進退得宜。

這個世界上，很多事情其實就是悖論、就是個封閉循環，是解釋不通的，而真相對於每個人的意義也不一樣。所以很多時候，**最關鍵的問題也許不是誰對誰錯**，而是如何讓事情有一個最合適、最體面的結果。畢竟，**你是在生活，不是在審案子。**

當然，這並不是說對錯根本不重要，但往往是處理對錯的態度和辦法，決定了最後是雙贏還是雙輸。

肖陽的女朋友小玉，每隔一段時間就喜歡變換家具的位置，搞得他回家還以為自己進了別人家的門，等好不容易適應了新的格局，小玉又開始移動家具了。有一次肖陽實在忍不住，於是跟她抗議，結果火氣沒壓制住，兩個人為此大吵一架，分手了。

其實依我看，這件事也可以有另外一種結果。

假如肖陽跟小玉說：「親愛的，我今天聽同事說，如果家具老是這樣移來移去，會破壞家裡的風水。」儘管她其實不太相信這一套說法，但可能真的很少再改動了。

當然，小玉也可能說：「我不管什麼風水不風水的，可能你說得對，但我就是想這樣。」如果真的是這樣，再加上肖陽又是個愛碎碎念的人，這日子可就難過了。

遷就是互相的，不是單方面無條件的遷就，就像喜歡是兩個人的事一樣。所以，很多事情當你回過頭來再思考，其實就是三個字——何必呢？

小玉何必非要整天折騰那幾件家具？肖陽又何必非要碎碎念？可能再過一

個月，小玉自己就覺得家具的確沒必要一直換來換去，也挺沒意思的。

其實，家具怎麼擺；牙膏是從下往上一點一點擠空，還是每次都憑感覺亂擠一通；剝香蕉皮是從柄的位置開始，還是從底部開始；做菜該放幾勺醬油、多少克鹽……生活裡很多這類的事，本身就難論對錯，也不涉及大是大非的原則性問題。就算是你對，你都對，你占了一萬個理，但是**光逞一時口舌之快卻讓對方寒心，你對了又能怎樣？**

兩個人的感情，可比家具、牙膏什麼的重要多了。

23

男友力訓練筆記

一切的碎碎念都是一根刺、一把刀，

它扎在對方身上，

到頭來，吃苦頭的其實還是你自己。

別老是以完美當標準去要求對方。

在這個世界上，
完美的愛情並不現實。

女生的面子，
同樣也是面子。

真正愛我的人，不會一直忙

星期日我還沒起床，小敏就打電話過來了：「他們分手了！」

「這一大早的，他們是誰啊？」

「于兒和她男友啊！」

「我說大姐，人家分手妳這麼興奮幹什麼？不知道的還以為妳一直覬覦人家男朋友，這回好下手了呢。」

「去去去！才不是。」

我當然知道不是，因為我和小敏都覺得，遲早會是這種結果。

通常，于兒和她男友之間的交流過程是這樣的：

「下班有空嗎？小敏和她男朋友想約我們一起去吃飯，吃完飯我們一起去看電影。我跟你說，這兩天有一部新的喜劇片上檔了，我超想看的！」

「好。」

「我有個學姐快要結婚了，這兩件裙子都是我上個月網購的，顏色一個深一個淺，你快幫我看看，我穿哪件合適？」

「都可以。」

「昨天我很晚才睡著，不知道是不是白天時咖啡喝多了，今天我打算早點睡。我最近好像老是這樣，睡眠不太好，你呢？」

「我還好。」

「週末我們一起去爬山吧，我上次去已經是好幾年前的事了，聽剛去過的同事說，現在正好是楓紅最好看的時候，我們帶單眼去拍。」

「不行，我要加班。」

其實我根本不用管具體的內容是什麼，因為光是螢幕畫面就足已說明問題了：她發給他的文字好大一串，而他的回覆卻是冷冷清清、空空蕩蕩——「行」、「好」、「在忙」，再不然就只回一個「嗯」。依我看，這根本就不是情侶之間會有的狀態。

小敏和她說：「我敢跟妳打賭，他下一則回覆肯定不會超過三個字。我也敢跟妳打賭，他連收到他們社區管理員傳給他的繳費通知，也不會回覆得這麼短、這麼敷衍。」

當然，遇見這種態度不冷不熱的人，有人可以傻傻的替對方解釋，說他不愛打字、他不愛聊天、他忙、他怕別人說他重色輕友。但事實呢？

我就想問問他，是不會打字，還是得過什麼病造成手指僵硬？他可能明明就在他家的沙發上癱坐著，滑著手機刷朋友的動態，或是沉浸在明星們的各種八卦和花邊新聞裡，什麼屁事也沒有，但就是懶得多回妳一個字。

妳說他忙，拜託，誰不忙？是國家領導人不忙還是馬克．祖克柏（Mark Zuckerberg）不忙？可人家馬克．祖克柏不是照樣談戀愛結婚當奶爸了嗎？貝克漢（David Beckham）到現在也還是萬人迷，可人家連孩子都四個了。這世界沒有不忙的人，只不過，要看他把什麼看得更重要。

至於說到重色輕友，那就更沒邏輯了。如果他從來、壓根兒、完全、絲毫沒有「重色輕友」、「有異性沒人性」的表現，基本上這戀愛妳不談也罷，原因很簡單——對方沒把妳放在心上。

我想，女孩遲早會明白一點——**真正愛我的人，不會一直忙。**

那個人對妳平平淡淡，妳說了一大堆，他卻只回幾個字打發妳，無非就是不夠喜歡，說得難聽點，根本是在培養備胎。

真的有這樣的男生，他的態度是：大家都是成年人，反正我目前也沒遇到理想對象，既然妳這麼喜歡我，對我這麼殷勤、這麼好，那我就暫時和妳曖昧著吧，不過就是花點小錢，偶爾請妳這個「二十四孝備胎」吃吃飯、看看電影而已，我又不會損失什麼，何樂而不為？萬一遇見了我特別心動的、特別想追的女生，只要張嘴和妳說一句「我感覺，妳比較像我的妹妹」就好了。

所以，他昨天沒空打電話給妳、今天沒空和妳約會、後天也會沒空陪妳見家長，以後也會沒空跟妳結婚。對於那些忙著認乾妹妹的人，妳還是趕緊把他加入黑名單吧。

那麼反過來，**有空陪妳的男生是什麼樣子？**

男生A要去布拉格出差，還提前幫女朋友訂了機票，就為了帶她去拍一組情侶寫真。他知道她特別喜歡那個城市，之前，他們一起看過一部在布拉格取景的電影，看完以後她一直在感嘆，布拉格的光線真是美到不行。

男生Ｂ在鄰市做專案，某天女友來電，哭著跟他說她養了五年多的貓不見了，他當天晚上便開了將近兩小時的車回去，終於幫她找到了貓並安撫好她，才又開車趕回鄰市。

男生Ｃ因為時差的關係，早上五點才在公司結束了跨海視訊會議，按照慣例，他本來可以在鄰近的旅館休息一上午，可他還是回到自己家，輕手輕腳的做好早餐，等老婆起床洗漱好後一起吃完，只因為他知道她這兩天身體不舒服，心情不太好。

綜觀以上，其實，我們都應該明白一個道理——**那個不願意回應妳的人，也不會在妳真的需要他時及時出現。**

24

男友力訓練筆記

如果你真的不喜歡，還是別去招惹人家吧。

不給對方多餘的希望，
也算是一種基本的尊重。

醋罈子這種東西……

你讓她心裡打翻了多少，
你就要花多少代價和精力去收拾。

還是少招惹為妙。

在女生心情特別差的時候，
別只會說：「沒事的，一切都會過去。」

你可以試試：

「我請好特休了，妳想去哪裡走走？」

女漢子只是表象，少女心才是重點

碩士畢業的時候，爸爸出差，順路過來看我，正好那時我要搬家。在幫我搬行李的時候，我真真切切看到了他有好多白頭髮，當下突然好難過，頭一次那麼恨自己這幾年為什麼沒好好找個男朋友，只知道坑爹[19]……。

19 一般用於諷刺、嘲笑或吐槽不滿。意指與本人意願有很大出入，有欺騙的意思，又包含了幾絲「沒幫助」的成分。這裡應用「爹」來雙關爸爸。

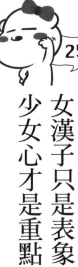

看到這段文字的時候，我幾乎看著螢幕笑出聲來——哈哈哈，這女生好可愛啊！

我甚至忍不住在心裡推測，這應該是女漢子型的女生吧。沒有男友的她，畢業之後即將開始全新的生活，她會在新的環境建立起自己的秩序，安排好自己的日子；她會出現在早晚高峰擁擠的地鐵人流裡，會樂呵呵的改好快遞的收貨地址，會收拾出乾乾淨淨的廚房，沒事就煲煲湯、烤烤餅乾；她會辦好健身房的會員卡，也會看著自己帳戶裡的數字一點一點慢慢增長，幸福的為「新年回家要幫家裡人買什麼呢？」傷著腦細胞。

我希望，她永遠都不讓自己覺得孤獨。

我很想問一個問題：孤身一人的晚上，妳在上網的時候，能堅持多久不開聲音？美劇、綜藝節目、訪談、英文演講、電影、剛下載的歌……隨便什麼聲音都好，妳並不需要看畫面，就只是希望身邊有點動靜，不至於覺得太過孤獨。

什麼是孤獨？

中國文學家林語堂說了，孤獨（孤独）這兩個字拆開來看，有孩童，有瓜果，有小犬，有蝴蝶，足以撐起一個盛夏傍晚的巷子口，人情味十足。稚子擎瓜柳棚下，細犬逐蝶窄巷中，人間繁華多笑語，惟我空餘兩鬢風——**孩童水果貓狗飛蝶當然熱鬧，可都和你無關。這就叫「孤獨」**。

孤單，是門外車馬喧囂，你打開門，走出去，卻沒有一個人肯停下來。

孤獨，是門外熙熙攘攘，你走過去，默默把門關上。

妳習慣了去同一家理髮店找同一個髮型師，去同一家電影院看電影，去同一條街的同一家商場的同幾家店。

樓下有一家餐廳客人不多，不過妳喜歡，直到實在是吃膩了，妳開始試著自己做，結論就是妳也不知道好不好吃——每個人最不善於評價的就是自己。

週末下午，妳餵了餵社區院子裡那隻懷孕的流浪小野貓，牠沒走，妳就那麼一直安安靜靜的陪牠待著，竟然陪了好久、好久，像是一對坐在公園長椅上的老夫老妻。

下班一進家門，妳就像條件反射一樣先打開電視，其實根本不會在意裡面在播些什麼。

「您好，來一份牛肉麵，謝謝。」這是情人節那天妳說的唯一一句話。

某天妳忘了是自己生日，收到的第一則祝福簡訊，居然來自銀行。

最可怕的是，這樣的生活其實正在日復一日的重複著，而妳也無從知曉這樣的日子，還將持續多久。

妳希望，或者說妳隱隱約約覺得，這世界上應該有另一個人，會成為妳的盟友，但他就是要妳等，就是不出現。

等來等去，妳才赫然發現：咦，我是不是成了別人眼中的「女漢子」？

其實，女漢子是我比較不能贊同的一種叫法，而很可惡的是，一聽說現在的女孩子們挺喜歡自詡為女漢子，有些男生就覺得終於找到一個合適的藉口，自己其實不用那麼紳士周到也可以，拎箱子、修馬桶、搬家、換水管、冬天大半夜自己一個人去醫院打點滴……反正她夠堅強，自己都能搞定啊，男女平等嘛。

我想提醒的是，男生如果打從心底認同某個女生是女漢子，這其實是一件很沒道理的事。

當一份愛情真正打動一個女人的時候，哪怕她再好強、再強勢，也會**恍然一瞬覺得，她真的可以不用征服世界**、不用衝鋒陷陣、不用功成名就、不用腰纏萬貫，也能感覺到幸福和滿足；她甚至稍微失去了雄心壯志，卻反而覺得……嗯，這樣也不賴。

雖然與愛情和女漢子都無關，不過我挺想說一說影后張曼玉的。

二〇一四年，張曼玉出現在北京草莓音樂節上，然而因為她屢次破音、走調，遭到現場觀眾的噓聲以及網路上鋪天蓋地的炮轟：「一個五十多歲的老女人了，為什麼就不能安安分分的好好演戲，瞎折騰什麼啊？人老珠黃還要出來丟自己的臉。」

後來，張曼玉在開場前自嘲：「我昨天在百度搜尋怎麼在草莓音樂節唱歌不走調，查很久也沒查到，所以今天只能繼續走調。我還要澄清一件事，我今天是四十九歲七個月又三天，而不是五十多歲。我從小有個夢想就是唱歌，我演電影演了二十多次還被說成花瓶，唱歌也請給我二十次機會，**我會一直努力**。」

可能很多人都會想，拜託，人家可是張曼玉啊！一路當了這麼多年女神、影后的她，缺少什麼了？金錢、名利、愛情，還是跑車、豪宅、名牌包？多少男人站在像她這樣有所成就的女人面前，都會覺得心虛汗顏吧，在這世界上還有什麼能讓她在意、能傷害到她嗎？

實際上，那番話雖然在當時為她贏得了很多喝彩，但是那次的經歷，還是令她深受打擊。據說很久很久之後，有朋友在香港和她聊起音樂節的事，還沒說幾句她就忍不住哭了。

張曼玉式的成功女人都尚且如此，廣大普通女性就更無須多說了吧。

誰都不是銅鑄鐵打的、刀槍不入，所以，別把女生的內心想得太強大，也別把女生真的當成女漢子。就算你確實這麼想過，你也要搞清楚一點：**每個女漢子其實都有一顆少女心，希望被疼愛、被捧在手心**，希望有一個人願意小心的護住她的孩子氣。

從孤身一人到談情說愛再到婚姻，所有人這一路都是朝向「幸福」兩個字前進，可是後來呢？

錢鍾書先生說過一句話，你或許早已聽過：「（婚姻是一座圍城，）城外的人想衝進去，城裡的人想逃出來。」可後來如何了，錢先生還是沒說。不過我覺得丹麥哲學家齊克果（Søren Aabye Kierkegaard）有句挺毒舌的話似乎回答了：「想結婚的就去結婚，想單身的就維持單身，反正到最後你們都會後悔。」[20]

20 網路盛傳此句為愛爾蘭劇作家蕭伯納（George Bernard Shaw）所言，事實上可能為誤傳，能查得類似原文的話出自齊克果：「Marry, and you will regret it; don't marry, you will also regret it; marry or don't marry, you will regret it either way.」

25

男友力訓練筆記

不管是彪悍的**女漢子**，還是傲嬌的**小公主**，

其實都只是表像。

你要做的就是對她好，而且只對她好。

女生都希望自己的男朋友，
是「宇宙愛老婆協會」的白金卡會員，
而且是終身制的那種。

女生說沒事，你就真的以為沒事了？

天真……基本上，「沒事」就是有事，

就是不開心，
就是你得立刻飛奔到人家面前了。

回歸現實前的愛情，不追求便宜

都說婆婆和兒媳婦是天敵，其實也不盡然，我來講個正能量滿滿的故事。

有個男生某次陪他媽媽出門買東西，在排隊結帳的時候，前面是一個相當好看的女人，不確定年紀有沒有到四十歲，但身姿挺拔、衣著得體，而且妝化得很精緻，總之就是樣子特別好看，好看到連女人都忍不住想多看她幾眼。

等他們付完款，那個男生的媽媽就悄悄和他說：「你看見沒？女人一旦上了點年紀，生活過得好不好，就全都寫在臉上了。以後啊，可別讓我們家媳婦變成黃臉婆。」

在他媽媽看來，一個女人如果在四、五十歲的時候，依然能出現在香奈兒的專櫃前，幫自己買口紅，那才證明她真的沒有嫁錯人。

沒有女人不希望自己整天都很美，美到「追我的人從天安門排到凱旋門」的那一種。但是，你要知道，任何一樣東西，它能給你帶來的滿足感和它的價格，一定成正比。

你看看大街上，只要是中上等級、外貌姣好一點的女孩，衣服、鞋子、包包……哪一樣都不會太便宜，她家裡的化妝檯上一定擺滿瓶瓶罐罐；平時做Spa、上健身房、練瑜伽、買流行時尚雜誌《Vogue》，且晚上一定會好好洗臉，會乖乖敷面膜，會仔仔細細抹好精華液、眼霜、晚霜。

這樣的女人，她是在生活。

我可以告訴你，**真正的美，背後其實是精緻以及自律**。相反的，化妝檯上只有一瓶乳液的人，晚上大概常常連臉都懶得好好洗，面膜就更不必說了，基本上，每天都是頂著一張油光滿面的臉倒頭就睡。

這樣的女人，她只是在生存。

總而言之，我這麼說吧：好看的女人吶，都貴。

都說現在是一個「看臉時代」，有了好的外表自然能夠加分，想想看，金城武多看你一眼，你不會心跳加速？超級名模米蘭達．寇兒（Miranda Kerr）和你打聲招呼，你不會臉頰發熱？然而，這句話雖然有它的道理，但還不是真理。

真正好看、美、漂亮的女生，會讓男生覺得：在沒遇見妳之前，我覺得很多女孩都很漂亮，但遇見妳之後才發現，她們就僅僅是很不錯而已。

一個女孩子，正是如花似玉的好年紀，手裡總得有幾件像樣一點的名牌來「防身」吧。有幾件像樣的東西，那是為自己守住品味。

某男生的女朋友追問他，別的男女朋友會因為花錢吵架，我們為什麼從來不會？他的回答堪稱經典：

「這有什麼好吵的？我可是學經濟的，物美價廉這種情況根本不存在。好的東西只有一個缺點，那就是貴，剩下的全是優點；便宜的東西只有一個優點，那就是便宜，其他的全是缺點。很多優點對一個優點，妳說，該選哪個？

「基本上，買貴的東西時妳會心疼，不過買完很少後悔，而便宜貨恰恰相反。所以，我寧可妳拿買幾件淘寶貨的錢，去買一件真正有品牌的東西。」

你可能會想，那是因為這男生的家境還不錯，他才會這麼說，他要是真的生活過得苦哈哈，說不定就不會這樣講了。

我這麼和你解釋吧，我見過連一個手機殼都捨不得買給女友的富二代，也見過自己穿幾百塊錢的舊款T恤，卻幫女友買了一件上萬元大衣的ＩＴ男。

如果大衣太貴，那我們來說說口紅好了。

有的男生很有錢，他會覺得，為什麼老愛說女生敗家啊？多買幾支口紅而已，也花不了多少錢。可是也有的男生，就算再有錢，他依然會覺得，口紅有個

三、四支不就夠用了嗎？這個沒用完又要買新的，不是敗家是什麼？女人的錢，果然最好騙。

你知道嗎？女生對口紅的熱愛，真的是男生想像不到的。我可以明白告訴你，就算她是個在職場裡叱吒風雲、上百萬的合約簽起來都不手軟的女強人，一旦和閨密在電話裡或者在化妝品的櫃檯前研究起口紅來，也可能瞬間變回吱吱喳喳的小女孩。

我曾經很八卦的詢問我一個親戚，他為什麼決定跟女朋友分手，他給我的回答是：「我好像從來沒看她用過口紅、香水，也很少化妝。連談戀愛的時候都不愛美了，以後的日子，我覺得也挺難想像的。」也許，這才是真正深思熟慮的男生吧。

雖然談錢談了這麼多，但別忘了，**愛情遲早有一天還是要回歸現實**，終歸會和柴米油鹽、雞毛蒜皮的事扯上關係。

所以，對於很多女生來說，長得帥的、有錢的，**最後也許都會輸給對她好的**。而愛情裡最平凡、最幸運的模樣，大概就是一個吃到一包糖炒栗子就能開心大半天的女生，遇到一個她衝他笑一下，他就敢捲起袖子跟這見鬼的生活拚命的男生吧。

在學校時，她說想吃串糖葫蘆，他就翻牆出去替她買回來，結果這個倒楣鬼被教務主任逮個正著，最後還寫了他生平第一份悔過書……。

他想幫她換支新手機，就頂著八月分的酷暑去打工，每天拖著疲憊的步子回家，可心裡卻相當愉悅……。

他不想讓她一個人跨年，怕她覺得孤單、冷清並胡思亂想，就買了很多她愛吃的東西，再坐八、九個小時的火車，終於趕在半夜十二點前見到她，和她一起迎接新年……。

在女孩的心裡，這些曾經感動她的事，她一輩子都會記得。

26

男友力訓練筆記

想追女孩，總要拿出足夠的誠意來，
你甚至要有充分的準備，做到以下三點：

一是堅持，二是不要臉，三是堅持不要臉。

✓ 盡量不要跟她在電話裡吵架。
✓ 不要傳訊息撂狠話。
✓ 有什麼問題試著面對面說。

也許當她看見你說某句話時的表情，
也許當你給她一個擁抱，
她就不忍心繼續發火了。

很多時候，
女生的火氣來得快也去得快，

別火上澆油。

沒事，等我邁過那些磕磕絆絆，就好了

在我所認識的人當中，小美絕對是最迷糊的一個。

我們相識的這些年裡，我知道，她的人生幾乎充滿了各種輝煌的戰績——買錯票、搭錯車、下錯站、錯過航班、帶錯證件、遺失物品、衣服穿反、吃壞肚子、煮粥煮成了米飯……總之，一有她在的時候，就常常會出現各式各樣的「狀況外」。

我來講講小美最經典的一個故事吧。

有一次，小美知道我當時常常在雲南出差，她又正好開始休年假，就說想過來見見面，還能順便玩兩天。她很喜歡雲南，以前也來過，但那時行程比較匆忙，沒玩過癮，所以就一直惦記著還想再去一次。

我說：「那好啊，我幫妳訂機票，到時候去接妳。」她聽完，拍著胸脯跟我保證說不用了，又不是沒去過，她自己就能搞定。

我一想，也好，那我就安心等著接駕唄，然後把旅館的名字和地址都傳給她，再繼續忙我的事。

當天，在上飛機前她還向我誇口說一切都超級順利，叫我做好晚上請她吃大餐的準備。結果落地以後，我就接到她從機場打來的求救電話，說計程車司機告訴她根本沒有這間旅館。

我心想這不可能啊？又和她好好確認一番，弄到最後，我終於得到一個我完全沒辦法想像的答案——這回，她沒買錯機票、沒去錯機場也沒錯過航班，只不過，她飛錯城市了！

我！的！天！啊！

原來在她的記憶和印象裡，我去雲南肯定是到大理市出差，可事實上，我前陣子的確常常去大理，但是那幾天不同，我人在昆明市呀，原先在閒聊的時候，我肯定有告訴她，但小美卻把這件事忘得一乾二淨……不過我又能拿她怎樣辦呢……。

說起小美，這其實是我們幫她取的暱稱，因為她確實挺漂亮的，眼睛極大，常被我們開玩笑說她「光是眼睛就占去將近半張臉」。我常常覺得，她的眼神特別像無辜的小梅花鹿，很乾淨，透著光亮，幾乎藏不住任何祕密和情緒。

雖說她總是有辦法製造出一個個讓人啼笑皆非的烏龍，一再刷新我們對「迷糊」的認知底線，這卻毫不影響她是個可愛的好女孩這件事。

每次聚會如果有她在場，氣氛總是會很好，也恰恰是她讓我知道，原來有的時候，聽別人講述電影情節，有可能比自己去找來看還要精彩。而且，一般來說，像小美這樣粗線條的人，如果真的細心起來，可能比誰都還要細心。

有一次，小美去了趟西班牙，然後為私交很好的朋友們帶回大禮——紀念款的巴薩隊（Barça）[21]球衣。當時在巴塞隆納，她特別有耐心，一遍遍的幫每個人確認想要的號碼、顏色以及合適的尺寸。可是，就在她自己洋洋得意，拿到禮物的人也都感覺她這次終於打了個漂亮的翻身仗時，神轉折再次出現了。

等到回國後，小美才發現一個很嚴重的問題：「咦，別人的全都買對了，可是到最後，怎麼只剩我沒有球衣？」當下她一拍腦門，哎呀呀，竟然唯獨忘記買自己的那件了……然後，她發了一則動態，內容言簡意賅又深刻到位，就只有兩個字——蠢哭。

小美的人緣超好，她的生命當中似乎總是有種自帶的幽默感，但事實上，小美**並非總是這麼逗趣，即使再樂觀豁達的人也一樣**。關於這一點，你不妨看一看，那些善於演出喜劇片的演員，在真實的生活中，幾乎都是處於另外一種狀態，和表面大相逕庭。

其實，小美不是沒有吃過苦的人，當年她自己一個人在美國念大學，靠著獎學金、打一些學校零工和省吃儉用，完成了學業。

我曾經看到小美的一張照片，那是她在國外念書的時候同學幫她拍的。照片裡的她站在公車站裡，斜靠在旁邊的立柱上打瞌睡；她身上穿的外套是從一間二手店買來的，花不到九美元，她就這樣穿了三年多。

那件外套的布料本身就不厚，穿到後來，手肘的位置已經被磨得很薄很薄了，袖口更磨破了好幾處，邊上開著小白花，整件衣服的顏色也洗得有些發白，但好在是牛仔款，舊一點也沒關係。不過，在最後畢業準備回國的時候，小美覺得這件外套實在太舊了，就沒有帶走。

21 即巴塞隆納足球俱樂部，顧名思義，是一家位於西班牙巴塞隆納的足球俱樂部，巴薩為簡稱。

我記得小美曾告訴我：「妳知道嗎？後來這麼多年，我竟然再也買不到那麼合適、那麼舒服的外套了，真後悔沒把它帶回來。」

我知道，小美真正懷念的，其實是那段時光。她曾經說過，到目前為止，那應該是她人生當中，心最靜的一段時光，一心一意的上課、寫好論文、完成學業，簡單而充實，心無旁騖。哪怕生活有一些捉襟見肘，內心卻像是有一束光在前面照著、指引著，整個人的狀態很踏實，感覺很有前途。

每每人在憶當年的時候，不管經歷過什麼，大都會變得很雲淡風輕。然而那樣的日子，終究是再也回不去了。

其實呢，小美在我手機裡的備註是「硬撐界一姐」，因為她經歷的一些事，甚至包括親人重病、故去，只要事情越大，她身邊的朋友通常越後知後覺。等她全都處理好了，也剛好有合適的場合和機會，她才會淡淡的向我們提及。

小美就是這樣一個人，不太會給別人增加壓力，也不習慣讓自己的負面情緒影響到別人。和她這樣的人做朋友，有時候的確會挺心疼她的。可是用她的話說：「我經歷的事、吃過的苦，其實很多人都有過，所以，真的沒必要去多抱怨什麼。該你撐著的事，你就得站直了，扛下來；你自己選的路，就一定要負責到底，大家都是這樣。」

小美在感情上屬於理智型，我甚至覺得，她即使分手了，都不會想找個人嚎啕大哭一場，大概只是悠悠的說：「唉，那不然呢？隔天不是還得上班？」

一個人真正經歷過什麼，只有自己才知道，我們誰都不能永遠幸運，永遠不去與那些風風雨雨過招。

而一個人真正的力量，就是來自相信未來一定很好，即使過去和現在經歷過再多的磕磕絆絆，**等你一個一個邁過去，也就好了。**

27

男友力訓練筆記

對於女生來說：

好看的人犯些愚蠢的錯誤，
那叫既可氣又可愛。

但如果換成難看的人，就不可愛只有可氣。

追女生三部曲：

- 首先讓她注意到你的優點；
- 接下來就是不能太黏對方；
- 最後關鍵的是，要讓她習慣身邊有你在。

很多女生都是說不爽就不爽、嘴硬心軟，
說句重話結果自己心裡比對方還難過。

她在氣頭上說的話，別老是耿耿於懷。

如果你是異性，會不會愛上現在的自己

通訊軟體這種東西，還真的讓人又愛又恨。有的時候，它給了你一個無比便利的溝通方式，可是有的時候，很多煩擾也同樣是它帶來的……。

某天，周翰忽然被某位同學拉進一個高中同學群組，絲毫沒有半點預告，就是這麼突如其來。

然後，接下來的幾天裡，群組變得尤其熱鬧，有同桌相認的、揭老底吐槽的、放大招爆猛料的、大傳特傳舊照片的……訊息一傳，動不動就是幾百上千則。周翰滑著螢幕爬著文，當年很多畫面本來都忘記了，卻好像忽然間在他的腦海裡又開始復活。

想當初，大家正值青春年少，都是十七、八歲的大好年紀，曾經坐在同一間教室裡，你看過他被英語老師點名罰寫N遍單字，他記得你設計過花花綠綠的黑板報[22]，她借過你的物理筆記，你抄過她的數學作業……幾十個人，幾十張天真又青澀的臉龐，真的是朝夕相對、並肩「戰鬥」過，雖說如今已是天南地北，回頭想想，還是覺得挺美好的。

其實在這個群組裡，最活躍的幾乎都是少數那幾個，更多人是設個「關閉提醒」，然後潛水，很少說話，只想好好當個旁觀者，安安靜靜的看著其他同學大聊特聊，而周翰就是這些人當中的一個。

就在那幾天，三三兩兩會有群組裡的某某同學，申請和周翰互加好友。他心想，偶爾聊一聊、點點讚，當然無妨啊，所以毫不遲疑就按了接受，隨後收到提醒——你已添加對方為好友，現在你們可以開始聊天了。

在這之後，有一些是直接沒下文的，當初的同窗之誼，默契的變成此後社群裡的點讚之交……不過這也好，反正總比大家一直失聯還要好吧。當然，還有一些人會傳來一個笑臉，意思很明顯——想再和你多寒暄幾句。

基本上，一開始也還好，可是一旦聊到某一方挺不想聊的話題，那就開始尷尬了。比方說，對方可能直接問：「你老婆呢？是做什麼的？」

周翰只能嘆口氣，想了想，悻悻的傳了一句：「哦，沒有沒有，我還單身呢。」然後又發了「嘿嘿」兩個字，就當是解嘲了。

對方大概也覺得有些尷尬，良久之後回覆：「其實，一個人也挺好的，自由又省心。」

周翰以為這場對話差不多可以結束了，剛想找個適當的表情作為ending，

22 以固定或移動的黑板作為媒介，再用粉筆或廣告顏料於整篇幅進行書寫繪畫，是最經濟、最方便、最常見的一種宣傳形式，在中國中小學被廣泛運用。

不料對方又再補上一句：「你也別太挑，差不多就行了，真的。期待你分享好消息哦。」

就像每個人家裡都有幾個愛操心、熱心腸的親戚大媽一樣，面對螢幕上的這行字，他倒也是頗為鬱悶。儘管他知道人家只是基於禮貌性的關心，但他還是一下子就想起學生時期老師說的那句：「**就差你沒交作業了啊**。」

周翰自認為是敏感細胞不太多的人，而且聽得次數多了，也以為自己應該已經免疫了，但一看到這樣的話，心裡難免無奈。他挺想說：真的不是我挑剔，我只是沒有遇到我喜歡的對象而已。

其實，大概很多像他一樣的人也都搞不懂，自己心地善良、人品不賴，工作也還算努力認真，為什麼就是遲遲遇不到合適的人呢？邱比特和月老他們怎麼那麼忙？

在追問月老和邱比特的檔期之前，我更關心的是，你把自己的單身生活過得怎麼樣？或者說，想把單身生活過好的人，狀態應該是怎麼樣的？

這個問題的答案其實很簡單，你不妨想想：

如果你是異性，你會不會愛上現在的自己？

如果某時某地，你純屬偶然的遇到前任，你希望當時的自己狀態如何，既可以讓對方後悔而不是暗自慶幸，也可以不給自己難堪？

說得再直白一點，如果哪一天，你和另外一個男生喜歡上了同一個女生，你應該也希望自己會是那個能讓對方輸得心服口服、完全沒意見的優質情敵吧？

可是，我想請你認真打量一下鏡子裡不修邊幅的自己，我想麻煩你回過頭，看一眼自己身後這個在凌亂中掙扎的家。

你習慣待在自己的世界裡，除了打打遊戲，就沒什麼特別的愛好了。如果真要算的話，每個月你都會買幾本書，但大部分也就只是開了封，然後讀讀前言再翻翻彩頁，真正完整讀完的根本就寥寥無幾。

你無數次下決心，要跑步、健身、游泳，但你實在是太「忙」了呀，就連想考個駕照都嚷嚷了兩年，也沒看你去報名。

偶爾看個電影，如果剛好情緒爆發，能弄得自己老淚縱橫；偶爾聽聽歌，選的大概還是從學生時代喜歡到現在的老歌；偶爾出門爬個山，還要朋友生拉硬拽才肯去，一邊爬還一邊碎碎念個不停：「以後再也不來了，累死我了。」

你很宅，週末的時候，一天可能就只出門一次去逛逛超市，採買些吃的用的，然後在快到家的時候，順道拐進社區門口的水果店。結果，大概連你自己都沒有發現，如果沒有電話打來，你一整天就只跟水果店的店員說了三句話：「這芒果麻煩幫我秤四個。」、「多少錢？」、「謝謝。」

你看，你就是那種不太會主動聯繫別人的人，很可能，你一天下來說的話，都沒有別人高興時哼的歌詞多。

如果你目前過的是這樣的日子，你自己說說看吧，**連你自己都覺得無趣**，**連你自己都懶得過**，你怎麼會奢望別人來欣賞你？

現在有一些人，想結婚的原因是「早已到了適婚年齡」、「父母催啊」、「他對我滿好的，算了，就選他吧」。在愛情面前，很多人被自己催、被對方催、被七姑八姨催，催來催去就把自己催得十萬火急的。於是乎出現了兩派人，其中之一是當自己的單身生活過得自顧不暇、戰戰兢兢的時候，就拉了另一個人進來，至於兩個人今後的生活如何，也許全憑造化。

另外一派人，特別是女孩子，她們與孤獨相愛相殺，不肯將就，而與此同時，她們卯足了勁奮鬥著、努力著，把自己的生活打理得光彩照人。像這樣的女生，如果有一天真的遇到一個三觀不正、超級靠不住的男生追她，她大概會悠悠的甩給對方一句：「麻煩你看清楚，本小姐這麼努力，就是為了不必嫁給像你這樣的人。」

其實，你是否想過，什麼年齡才是適婚年齡？它是誰訂下來的？這個說法真的合理嗎？我們每個人都必須接受這個標準的審判嗎？

實際上，我們正在漸漸進入一個更大、更新的時代，大城市當然有它的冷漠和疏離，但也有著強大的包容性，例如：夏天穿著露肚臍裝上街，不會有人對你指指點點、說三道四；三十多歲沒結婚，也不會被周圍人過度妖魔化；你說你買了門票要聽音樂會、看話劇，沒有人會酸你「還真是文青啊」；你提什麼自媒體、股票、理財，也會有人聽得懂。

說到底，**每個人都有自己的人生要過**，而你總要允許**別人有權力去選擇他真正想要的**，允許別人去走一條與你完全不同的路。

所以，如果是單身的人，願你每次吃火鍋都能撈到最想吃的，吃披薩能拿到乳酪最厚的，吃餃子能夾到內餡最多的。

如果脫單了，願你與愛的人相處時，有廢話可講，有有趣的故事可說，把真實又千滋百味的人生一點一點揮霍完。

28

男友力訓練筆記

不是所有女生都吃霸道總裁那一套，

所以，偶爾霸道可以，但別入戲太深。

戀愛關係也需要角色變換，
讓一方努力太久、付出太多，
哪能不疲憊？

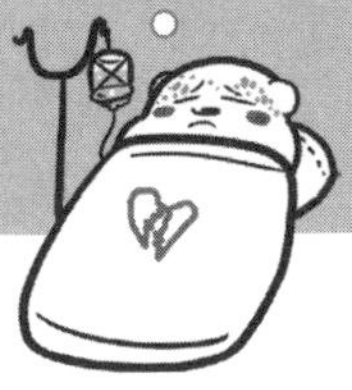

「你負責賺錢養家，我負責貌美如花」。

女生未必會這麼要求你，
但她一定希望你為此努力。

就算我們沒在一起，歲月還是會留下痕跡

有一段時間，中國網播電視劇《最好的我們》引發了熱烈討論。

大概是被現在一些青春偶像劇弄到生無可戀，我其實算是很少看電視劇，總覺得光憑演員的好看外表，也完全拯救不了俗濫又狗血、雷人又雷同的劇情，對我的三觀所造成的巨大傷害。

但是有一次週末閒下來，我看到聊天群組裡好幾個人都在聊這部劇，便動手找來看了。本來並沒有抱太大期待，只想看看開頭和結局就好，卻出乎意料的覺得這劇竟然還不賴。

劇中演員們的妝，不像韓劇那樣精緻到誇張，演技很自然，連名字也都取得很好聽——耿耿、余淮、路星河、簡單……十幾二十歲的他們，生活在我們每個人最渴望留住的年紀，一臉的膠原蛋白，一身的無畏和勇敢，真好。

其實，最初推薦這部劇給我的人，是高中時和我同班三年的一個女生，每次分班我們都很巧的分在同一班。

現在想想，她和她老公，大概就像是我們班裡當年的耿耿和余淮[23]，關於這兩個人的故事，那真正是從校服到婚紗，現世安穩，歲月靜好，而且他們的兒子現在都一歲半了。

為了這部劇，我後來特意去翻了翻網路上的相關發文，毫不意外，很多人關注的焦點都是余淮和耿耿這對男女主角，可是，這部劇真正觸動我的點，卻發生在男配角路星河身上。

在電視和電影的劇本裡，男配角通常是用來當炮灰的，尤其這個男配角如果外貌和性格都堪稱優質，那會更加分，能夠賺到觀眾很多的心疼。

沒有一個人的青春是完美的，也正因為如此，在整部電視劇裡，其實路星河才是那個最像、最接近我們的人。我們都和曾經的他一樣，**帶著傲氣，帶著遺憾，帶著牽掛，甚至帶著祕密，走過自己的整個青春時代；而且，我們註定要帶著這些東西，繼續走下去。**

於是，每次「青春」這兩個字一出現，我們總會覺得，那段再也追不回來的時光，似乎欠下了我們幾樣東西，可能是一張難得的高分考卷，也可能是一直想等到的一句告白、一封情書，然後再引出一個無比美好的故事。

可惜的是，有些故事，早在第一天就已經寫好結局。就像所有人隨口就能

23 耿耿是《最好的我們》的女主角，余淮則是男主角，為班上學霸，兩人同班之後一起經歷過了許多大小事，即使曾經分離，多年後男配角路星河也數次向耿耿求婚，但耿耿最後真正的心上人還是余淮，而路星河也理解她的選擇。

說出的那句「耿耿於懷」（耿耿、余淮），我們卻始終不會記得〈長恨歌〉裡還有一句——「遲遲鐘鼓初長夜，耿耿星河（耿耿、路星河）欲曙天」。

耿耿始終喜歡著余淮，但是，十六歲的耿耿，也會永遠記住十六歲的路星河，她懂他的好，他也懂她的選擇。他們沒有在一起，但他也終於用他溫柔的執著，在她的十六歲裡安營紮寨。

《最好的我們》裡，路星河曾經對耿耿說：

「在什麼都不懂的十六歲，妳遇見我，從那以後，再也沒有覺得孤單，就這麼一直過日子。歲月就像一個安靜的小偷，很快我們就要走到一扇扇冰冷的大門面前，門上寫著：畢業、工作、結婚、生育、衰老和死亡。我打開了一扇門，卻遇見了妳。」

相互愛著的人，都會為了彼此改變，而那些暗戀、甘心付出的人，又何嘗不是呢？他們也在為了自己心裡裏藏的那個人，慢慢變化著，默默成長著，不管那個人知不知道、能不能被感動，也不管最後的結果會如何。但你能說，這樣的改變並無意義嗎？

小時候，我們都曾一廂情願的以為，《哆啦A夢》裡，靜香將來一定會嫁給大雄；《灌籃高手》中，晴子也一定會和櫻木花道在一起，但是現實很可能並非這樣。嫁給初戀，一生只夠愛一人，這越來越像是愛情裡機率極小的事（不過靜香和大雄倒是真的結婚了）。

所以，對於那些在事與願違的生活裡辛苦掙扎過的人，我們都該相信，他也一定會有屬於他自己的幸福，他會是另外一個故事裡的主角——既然他那麼好，又怎麼會沒有對的人喜歡他、愛上他呢？

現實當中我更願意相信，痴情的人才更容易當主角。

其實，路星河也很幸運，畢竟，耿耿是知道其心意的，而這世上又有多少人，是帶著沒有好好說出口的祕密就失散，彼此都不知道。這我理解，我想，你也理解。

高中的時候，我覺得自己好像喜歡上班上一個男生。他很高，籃球打得很帥，很喜歡周杰倫，然後愛屋及烏，我也開始喜歡周杰倫了。

記得剛開始，我在MP3裡存了幾首周杰倫的歌，後來就一發不可收拾，他的歌始終牢牢占據著我的手機或MP3裡絕大部分空間。

當時我總在想，班上那個男孩，他在去打籃球的路上、在回家的車裡、在關燈睡覺之前，耳機裡會不會和我聽著同一首歌，又同樣覺得那麼好聽？我甚至在想，將來會不會真的有那麼一天，他會陪我一起，去看一場周杰倫的演唱會。

最後我當然沒有和班上那個男生在一起，那頂多算是青春時期裡一段懵懂青澀的好感而已，慢慢的也就淡忘了，不過我對周杰倫的欣賞和喜愛，卻結結實實的在心裡扎下根來，專輯我也幾乎每張都買了。

你看，喜歡過一個人，對方多多少少會在你的生命裡留下一些痕跡，經年猶在。

至於那個男生，如今印象就只剩下畢業大合照裡的一個人像而已，也說不定，後來陪在他身邊的，是一個從來都不愛聽周杰倫的女孩。

後來，我上了大學，我們系上的輔導員是一個性格特別好的女生，剛碩士畢業。我到現在都記得，在私下閒聊的時候她曾經跟我說，在這個世界上，**最講道理但同時也是最不講道理的**，就是感情這東西。

妳喜歡他、他也喜歡妳，你們倆在一起很合理，你們為了彼此而拒絕其他人也很合理。但如果有一天，他不喜歡妳了或者妳不喜歡他了，你們誰也不能說：「不行，不能分，這不合理啊。」

其實，如果站在更長遠的角度去考慮很多事，你會釋然很多；畢竟，**某個人當初虧欠你的，也許將來你在別處都能得到。**

29

男友力訓練筆記

痴情一點，
善良一點，
專情一點。

這樣的男生，愛情運基本上都不會太差。

人人都挺怕自己被看穿的，

所以，要懂得點到為止，
她嘴硬的，別非要揭穿；
她真的不想談的，別逼問到底。

我養妳！

這句話，

想好了再說，說了要算數。

很多愛情的開始，都是因為細節

大四那年冬天，丁琳有一次搭火車回老家，坐了十幾個小時的硬座[24]。半夜裡她一直不太敢睡，怕東西不見，但是她實在太睏了，就迷迷糊糊打了個盹。過了一下子，她覺得有點不對勁，睜開眼睛，只見身邊坐著一個戴著帽子、眼神詭異、邋裡邋遢的男子，正在試著拉開她懷裡背包的拉鍊。

24 中國國家鐵路線上，客運列車車廂內設置的一種坐椅類型，舒適度最低，但票價最便宜。

她真的嚇壞了，想喊又不敢喊。大概是算準了停站的時間，這時候剛好廣播火車到站，該名男子便迅速下車。

丁琳驚魂未定，第一反應就是打電話給男朋友。可她萬萬沒想到的是，還沒等她開口說自己有多害怕，男友接起電話後不管三七二十一，直接訓了她一頓：「妳不知道現在已經凌晨三點了嗎？妳明明知道我現在每天早上六點半，就要起床念書準備考研究所，妳這時候還打電話給我，是不是有點太自私了？」

那一刻，丁琳心裡真的是一涼到底。畢竟，她想要的就只是一、兩句安慰她的話，僅此而已。千萬別小看一、兩句安慰的話，對當時的她來說，那可能比十個香奈兒包包都貴重得多。

至於後來的結局，你大概已經猜到了——丁琳在火車上打完那通凌晨三點的電話以後，就決定分手了，沒有任何猶豫；至於男生的成績也不錯，順利考上研究所，後來好像出了國。

女人其實都像一種需要很多、很多愛的小動物，想找個可以實實在在溫暖她、保護她的暖男，給她驚喜，給她安定，給她足夠的安全感。在女人眼裡，愛情最楚楚動人的樣子，就是那種貼近日常生活的溫暖。

當然，這件事倒也不至於是人品問題，也許，這個男朋友不是不暖，只是不夠愛她；而將來的他大概會遇到那麼一個人，讓他捨不得有絲毫冷落。

男人最喜歡什麼？喜歡賭博，以小博大他才覺得夠刺激、夠痛快。

女人最害怕什麼？最怕突如其來又不肯負責任的喜歡。

有些男生，追女生的耐心基本不會超過半個月，而方法具體來說包含：請女生吃了一次路邊攤的串燒，就敢說自己約會了、付出了；下雨時傳個「記得帶傘」的訊息，就認為女生應該感動，應該從裡面讀出一大堆潛臺詞：看見沒？我可是暖男，我真的是太關心妳了，我對妳多好啊！

還有，發個五二〇元的紅包就敢說那代表「我愛妳」，女生要是問他：「那你喜歡我什麼啊？」他說什麼都喜歡——所以我說，憑什麼啊？女生憑什麼要因為幾根串燒、一則訊息、一個五二〇元的紅包就喜歡你？

周星馳電影《喜劇之王》裡，舞女柳飄飄認定演員尹天仇，是因為他願意每天興致高昂的跑龍套，就為了兌現他的那一句「我養妳啊」。

愛情喜劇電影《北京遇上西雅圖》裡，拜金女文佳佳認定司機弗蘭克，是因為他願意每天早上穿過三條街，為她買來最愛吃的豆漿油條。

改編自同名日劇的中國電影《一〇一次求婚》裡，大提琴女神葉薰被裝修工黃達感動，是因為他為了替身高超過一百七十公分的她，打造一把特製的提琴椅，就每天踩著十幾公分的高跟鞋，去測試出一個最舒服的高度。

你看，**很多愛情的開始都是因為細節；雖然人會說謊，但是細節不會。**

有些女生常自詡為吃貨，那好吧，一枚吃貨的愛情觀會是什麼樣子呢？

．關於選擇：

說得日常一點，選誰與不選誰就像個人口味一樣，任你把青椒做出什麼花樣來，我都嚥不下去；但若是換成豆腐，就算你只淋了兩勺醬油就端上來，我照樣吃得爽快乾淨，風捲殘雲。

你喜歡蘋果，可這世界上一定有些人不愛吃，而對方偏偏就是其中之一，且相較之下更愛吃橘子，就算再好吃的蘋果都不喜歡，哪怕你列出再多證據，說這蘋果多新鮮、多香甜、多有營養、對健康多有益處都不行，**那個人就是不喜歡蘋果的味道，就這麼簡單**。

口味這件事，真的沒辦法強求。所以，和誰分手、和誰在一起，不見得就說明前任比現任差；只不過，真的就像莫文蔚在〈陰天〉裡唱的——總之那幾年，你們兩個沒有緣。

・關於改變：

小時候，你最討厭吃香菜，連它的味道都聞不得，並堅信自己這一輩子都會和它勢不兩立，水火不相容。但是忽然有一天，你竟然瘋狂的迷戀上它，沒有任何預兆。

小時候，你最愛吃番茄炒蛋，以為自己這一輩子都會愛吃；可等你長大了，不愛吃就是不愛吃了，依然沒有任何預兆。你就是開始討厭這種在酸甜鹹之間模稜兩可的味道，相比起來，你寧可去吃一碗沒什麼營養的醬油炒飯。

你沒錯，香菜沒錯，番茄炒蛋也沒錯，錯的只有那些**自以為是的一輩子**。

．關於等待：

愛情裡的另一個誤會，就是總覺得自己還有很多機會，總想著再觀望、再考驗。可其實呢，時間一晃就是好久，於是，熱湯麵等不到滷牛肉、燒肥腸，照樣能上桌；大閘蟹來不及香辣，那清蒸也可以替補啊；潤餅裡要包什麼餡料，還不就是一句話、一下子的事嗎？

所以，不管是「命中註定」還是「非你不可」，大都只是一說一聽而已，不必太當真。畢竟，老話說得好——**過了這個村，就沒這個店了**。

30

男友力訓練筆記

在她問的問題裡，
75%以上她都是知道答案的，
只不過是想聽你說出來。

所以，務必想好了再說。

感情變淡基本都是從
「懶得說、懶得吵、懶得理」
開始的。

你可以不愛表達、不善言辭，
你可以靦腆、木訥，這不重要。

重要的是，你要讓她認定你是
「做得多、說得少」的那一型，
她甚至偶爾會覺得你不是那麼在乎她，
但是你要讓她發現，
她想不到的，你竟然都替她想好了。

附錄
惹怒女孩的四大雷區

雷區之一：氣死女生九大行為！

這些最招女生討厭的行為，都是你不能踩的雷。
以下，因殺傷力巨大，以身試法者，後果自負。

❶ 提到前任

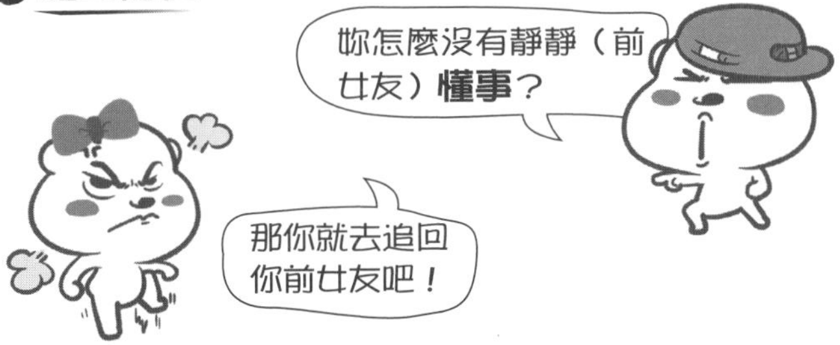
妳怎麼沒有靜靜（前女友）懂事？
那你就去追回你前女友吧！

相信我，女生聽見這句話，恨不得直接揍你。

❷ 認錯太敷衍

好好好，就當我錯了，這樣還不行嗎？
當你錯了？別，千萬別，我錯，**我！錯！**

女生本來就覺得自己有理，
你這麼一說，她立刻就變無理取鬧了。

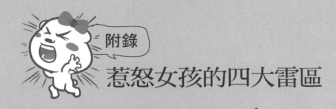

❸ 媽寶男

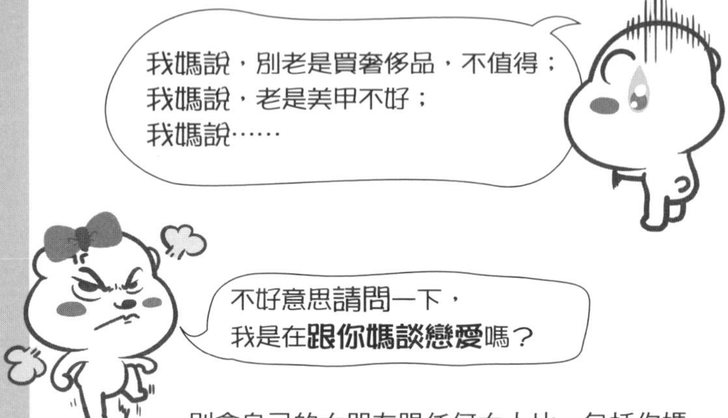
我媽說，別老是買奢侈品，不值得；
我媽說，老是美甲不好；
我媽說……
不好意思請問一下，
我是在**跟你媽談戀愛**嗎？

別拿自己的女朋友跟任何女人比，包括你媽。

❹ 愛挑毛病

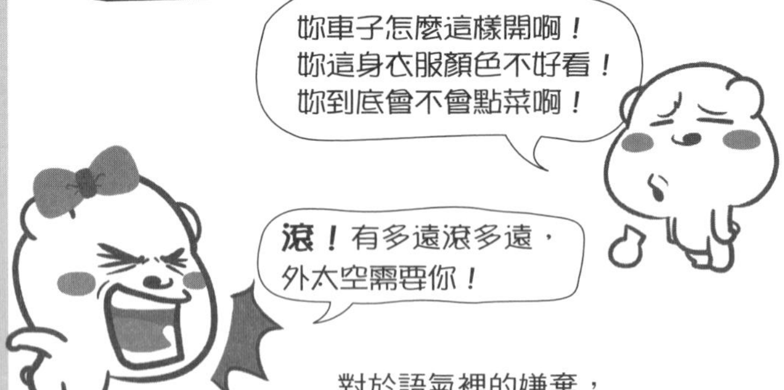
妳車子怎麼這樣開啊！
妳這身衣服顏色不好看！
妳到底會不會點菜啊！
滾！有多遠滾多遠，
外太空需要你！

對於語氣裡的嫌棄，
女生的敏感度絕對超乎你的想像。

❺ 時不時談體重

妳怎麼好像**胖了**？
這頓少吃點吧。
那你去找瘦的啊！

既然交了女朋友，
就把「胖」字從字典裡刪掉吧。

❻ 拿「天生」來說嘴

今天你洗碗吧。
我不想洗，妳們女生天生不就該洗碗嗎？
那你怎麼不去**買豪車、買別墅？**男生天生就該這樣啊！

你可以懶，
但是在她想偶爾懶一下的時候除外。

❼ 不耐煩

別拖拖拉拉了，妝多化兩筆少化兩筆有差嗎？
你還是自己出門吧，本小姐不去了。

有可能遲到和有可能被甩，你自己選吧。

❽ 無所謂

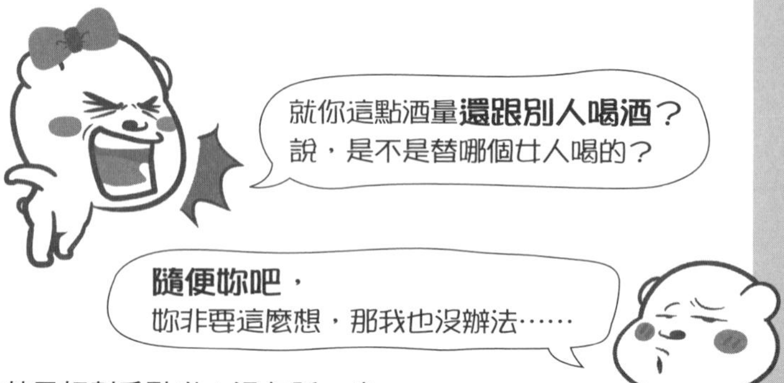
就你這點酒量還跟別人喝酒？說，是不是替哪個女人喝的？
隨便妳吧，妳非要這麼想，那我也沒辦法……

敲黑板劃重點啦：這句話一出，
女生只會覺得你在冷暴力。

9 紅顏知己不嫌多

靜靜？
誰是靜靜？
我一個好兄弟的同學。
妳看妳，整天疑神疑鬼、神經兮兮的，有病。
好啊沒關係啊，那下次小林哥哥打電話找我的時候，你也別阻止啊。
誰？小林？
還哥哥？哪個小林？

你知道女人最可怕的是什麼嗎？
不是沒事找事，也不是內心戲多，而是直覺。
一旦有事東躲西藏，後果有你好受的。

雷區之二：這十一句回話超 NG！

聽到這些話，別管她怎麼回答，也別管她脾氣多好，
心裡基本上都藏著另一句潛臺詞。
尤其是她剛好心情差的時候，這些話句句都是雷。

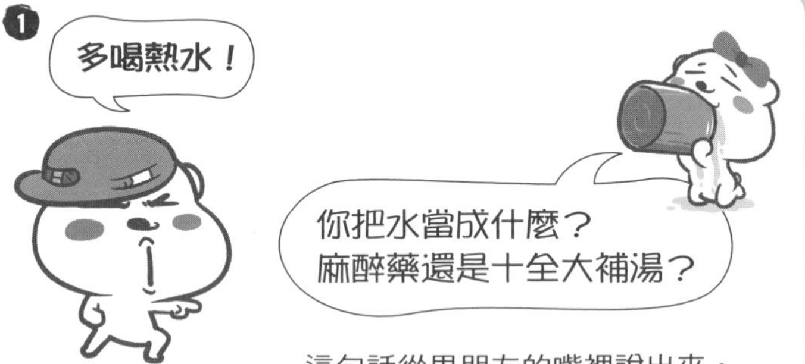
1
多喝熱水！
你把水當成什麼？
麻醉藥還是十全大補湯？

這句話從男朋友的嘴裡說出來，
基本上等於例行公事外加不用心。

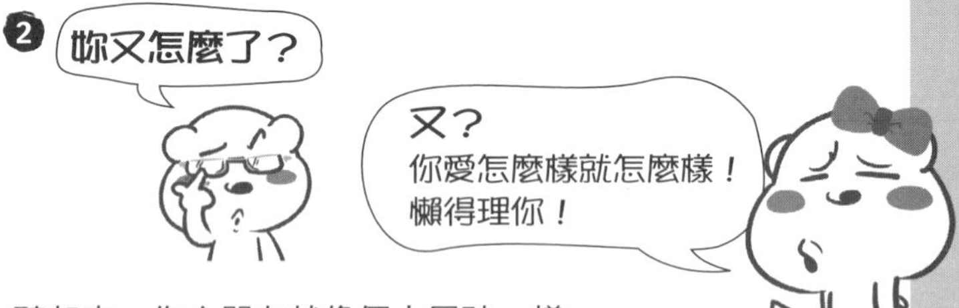
2
妳又怎麼了？
又？
你愛怎麼樣就怎麼樣！
懶得理你！

聽起來，你女朋友就像個小屁孩一樣，
整天故意找你麻煩。
如果再搭配上你皺著眉頭的苦瓜臉，還真是一絕！

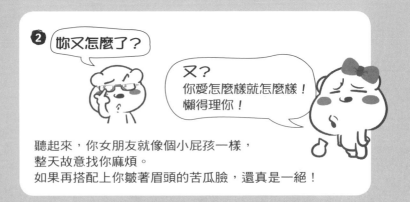

3
我在忙！
你忙，你日理萬機，
我就是無所事事的無業遊民嗎？

有些話，不是不能說，而是不能一直說。
這句話就是其中之一。

4
說了妳也不懂。
真想知道你這種「優越感」
是哪裡來的……

女生對優越感這種東西異常敏感，甚至異常排斥。
聽到類似這樣的話：
「告訴妳也沒用」、「跟妳說了妳也不懂」，
對她來說不只是輕視，
還意味著他的生活不想讓她過多參與，不生氣才怪！

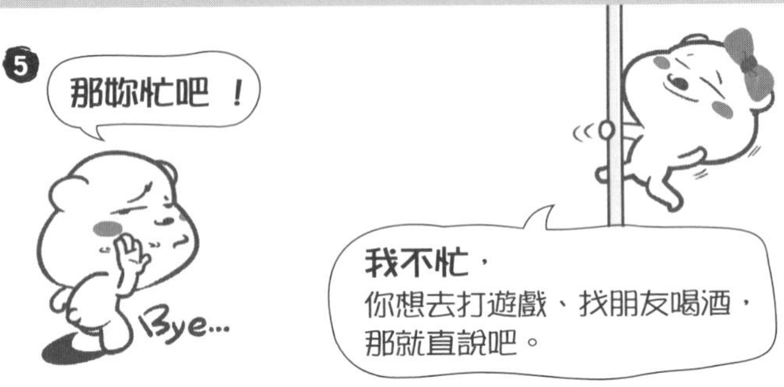
5
那妳忙吧！
Bye...
我不忙，
你想去打遊戲、找朋友喝酒，
那就直說吧。

有些話，擺明是用來結束對話的，就像這句。
所以，還是少點迂迴的話吧，女生懂的。

6
隨便。
沒有為什麼，
就是討厭這兩個字。

吃什麼？去哪裡玩？看哪部電影？
如果你總回答「隨便」，女生有兩種解讀：
一種是這男生沒主見，而另一種解讀就是——
妳自己看著辦吧，結果怎樣都不關我的事，不要煩我。

7
哦。
惜字如金，
那是對待備胎的方式吧？
去看電影嗎？
好。
你今天加班？
嗯。
晚上吃火鍋？
好。
你來接我吧？
哦。
如果真的很喜歡一個人，哪怕再忙，
也不會總是只用一個字來回覆她。

8
我開玩笑的，
妳這麼認真幹什麼？
……

這是典型的「一句話氣死人」、「一句話把天聊死」，
女生聽了，大概都不知道該怎麼往下接。

9
妳還想要我怎樣？
請問一下，
我到底是讓你受了多少委屈啊？

所謂的恩愛，
其實就是好好說話這麼簡單；
而女生想要的，
往往也就這麼簡單。

10
信不信隨便妳。
你這擺明是不想溝通了，那我也會啊。
Bye...

同樣的話還有「我懶得跟妳吵」、「算了算了」，
女生聽到這些，生氣指數和暴力傾向會立即飆升。

11
妳怎麼話這麼多！
愛你才願意跟你談天說地，
不愛你誰願意跟你多說半個字！

女生只喜歡向信任的人傾訴，
如果一個女生跟你「囉唆」，
只要你聰明一點，都應該高興才是。

雷區之三：沒救的十種直男癌邏輯！

直男癌的每一句話，
都能讓人在內心上演一齣年度大戲。

1
妳們女生打扮，
不就是為了給男生看的嗎？
拜託，
你別自己腦補這麼多好嗎？

基本上，女生想做什麼、想怎麼打扮，
原因只有一個，那就是——我喜歡。

2
有錢的男人只會貪圖妳的美貌，
我這種又矮又醜又窮的，
對妳才是真愛。
呵呵，呵呵，
呵呵呵呵。

瞧，直男癌基本上就是用來毀三觀的存在，服不服？

3
妳就是看不起我，
妳就是**嫌我窮**。
我哪裡敢嫌你窮啊？
我那是嫌你醜、懶還沒上進心！
你用一句話就想給女生扣上
「拜金女」、「虛榮」、「物質」的帽子，
難道窮就有理？

4
一個女孩如果太拚，
一定是為了嫁給有錢人，
當全職少奶奶。
我這麼努力，不是為了嫁給誰，
而是為了不用嫁給像你這樣的人！
直男癌最大的問題，就是永遠不能就事論事。

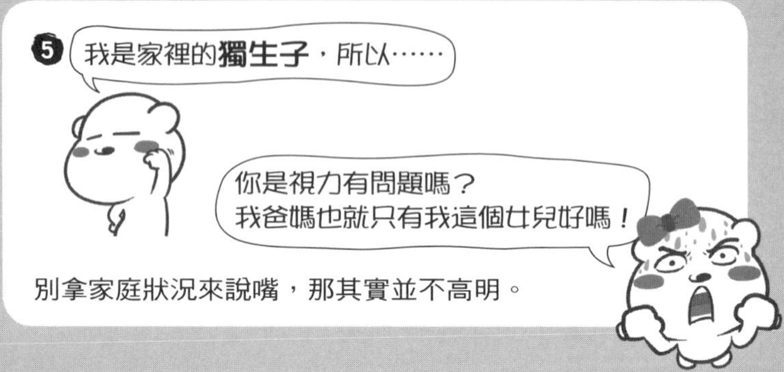
5
我是家裡的**獨生子**，所以……
你是視力有問題嗎？
我爸媽也就只有我這個女兒好嗎！

別拿家庭狀況來說嘴，那其實並不高明。

6
男人劈腿很正常，
逢場作戲而已，
女人對此要大度。
請問，
你小時候的品德教育誰教的？

就四個字吧：誰規定的？！

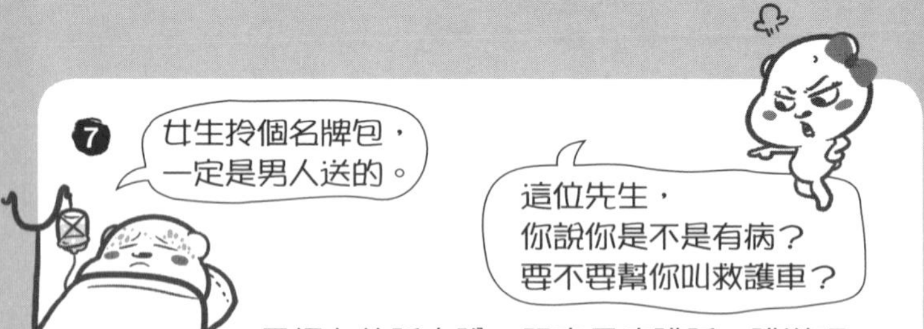
7
女生拎個名牌包，
一定是男人送的。
這位先生，
你說你是不是有病？
要不要幫你叫救護車？

用網友的話來說，跟直男癌講話、講道理，
簡直可以列入滿清十大酷刑了。

8
跟我分開，
妳就再也找不到
像我這麼好的男生了。
真巧，我也這麼想，
不過我是怕我再遇到像你這樣的。
真的，遇到一個直男癌晚期患者，
任你有多少表情包都不夠用。

9
女人就該**能幹一點**，
最好自己開車、洗衣服、
做飯、打掃衛生、帶孩子、
賺錢、自己逛街。
我們不會說這樣
的女人已婚，而
是**喪偶**。
「妳們女人就是……」、「妳們女人就該……」
這種動不動就牽涉一個群體的論調，
已經不是不科學、不公平的事了，而是荒謬吧！

10
從身高、長相到學歷，
男生選女朋友可以有一百條標準，
但是女生選男朋友只要兩條就夠了：
一是男的，二是活的。
你是生活在封建社會嗎？
醒醒啊！
這沒錯啊！
……

治療直男癌這件事，大概一般女生是做不來的，
妳只能寄希望於他找到一個公主病末期的對象，
負負得正。
他們彼此相愛，就是為民除害。

雷區之四：女生最受不了的男生十大穿搭！

有些時候，一個男生的穿著打扮，
真的會讓女生恨不得裝作不認識他。

❶ 黑皮鞋配白襪子

這兩樣一定要這樣互相傷害嗎？

❷ 全身上下能混搭出七、八種顏色

如果你實在不想相親又不得不去，
那就這樣穿吧，OK的。

❸ 涼鞋配棉襪

相信我，此時此刻我坐在客廳裡看電視的老爸，
都不會選擇這種穿搭。

❹ 內褲邊露出一截

買了一件新衣服，結果沒有把吊牌剪去就穿出來，
這種感覺你懂嗎？懂嗎？

❺ Polo衫領子非要立起來

親愛的，想讓脖子不那麼粗也不是這樣做。

❻ 白襯衫裡面不穿背心或T恤

我猜，你一定是忘了人會出汗、會出很多汗這件事。

❼ 背心款被當馬甲款穿

大概連時尚大師也挽救不了你的品味。

❽ 緊身款T恤、褲子，緊到不行

你們去找隔壁老李那雙超級尖頭皮鞋取暖吧。

❾ 牛仔褲上掛N串鏈子

兄弟，你不出局誰出局？

❿ 仿皮草大翻領

嗯，好吧，你自己高興就好。

國家圖書館出版品預行編目（CIP）資料

我的口是心非都是有邏輯的：女生好懂嗎？地雷到處埋。女人難溝通？其實只要你換個方式說。／楊喵喵著.--初版.--臺北市：任性，2020.08
288 面；14.8 × 21公分.--（issue；019）
ISBN 978-986-98589-5-3（平裝）

1. 兩性關係　2. 戀愛

544.37　　109007760

issue 019

我的口是心非都是有邏輯的

女生好懂嗎？地雷到處埋。女人難溝通？其實只要你換個方式說。

作　　者／楊喵喵
責任編輯／張慈婷
校對編輯／江育瑄
美術編輯／張皓婷
副總編輯／顏惠君
總 編 輯／吳依瑋
發 行 人／徐仲秋
會　　計／林妙燕、陳嬅娟、許鳳雪
版權經理／郝麗珍
行銷企畫／徐千晴、周以婷
業務助理／王德渝
業務專員／馬絮盈、留婉茹
業務經理／林裕安
總 經 理／陳絜吾

出 版 者／任性出版有限公司
營運統籌／大是文化有限公司
臺北市 100 衡陽路 7 號 8 樓
編輯部電話：（02）23757911
購書相關諮詢請洽：（02）23757911 分機 122
24 小時讀者服務傳真：（02）23756999
讀者服務Email：haom@ms28.hinet.net
郵政劃撥帳號／19983366　戶名／大是文化有限公司

法律顧問／永然聯合法律事務所
香港發行／豐達出版發行有限公司
Rich Publishing & Distribution Ltd
香港柴灣永泰道 70 號柴灣工業城第 2 期 1805 室
Unit 1805, Ph.2, Chai Wan Ind City, 70 Wing Tai Rd, Chai Wan, Hong Kong
Tel：2172 6513　Fax：2172 4355　E-mail：cary@subseasy.com.hk

封面設計／ Fe 設計 葉馥儀　內頁排版／江慧雯
印　　刷／鴻霖印刷傳媒股份有限公司
出版日期／ 2020 年 8 月 初版
定　　價／ 新臺幣 340 元（缺頁或裝訂錯誤的書，請寄回更換）
I S B N　978-986-98589-5-3